目　　录

第一章　金融科技革命简述 ·················· 1

　　数字经济与金融服务 ·················· 1
　　本书的研究框架 ·················· 3

第二章　金融科技业务和商业模式：与传统金融服务的异同 ······ 7

　　什么是金融科技 ·················· 7
　　金融科技的业务领域与特点 ·················· 12
　　商业模式的演变 ·················· 26

第三章　大型科技公司的战略演变：令人担忧的竞争 ·········· 38

　　大型科技公司的竞争潜力 ·················· 38
　　大型科技公司的金融服务发展战略 ·················· 40

第四章　金融数字化背景下的银行战略 ·················· 54

　　数字化转型和数字革命 ·················· 55

大型银行的战略选择：探索"银行科技"发展之路 ………… 55
　　小型银行的选择：构建合作伙伴关系 …………………… 70
　　数字化银行：商业模式创新与灵活性 …………………… 74

第五章　监管框架和措施 ………………………………… 87
　　金融科技监管现状 ………………………………………… 87
　　欧洲的监管举措 …………………………………………… 90

第六章　金融市场数字化场景、机遇和挑战 …………… 110
　　金融科技革命和信息的关键作用 ………………………… 110
　　法律和监管挑战 …………………………………………… 112
　　新的业务模式与传统金融机构的未来角色 ……………… 113

FINTECH BIGTECH AND BANKS

DIGITALISATION AND ITS IMPACT ON
BANKING BUSINESS MODELS

金融科技公司、大型科技公司与银行

——数字化及其对银行商业模式的影响

亚历桑德拉·坦达(Alessandra Tanda)
克里斯蒂安娜·玛丽亚·谢娜(Cristiana-Maria Schena) ◎ 著

赵大伟 山成英 ◎ 译

中国金融出版社

责任编辑：王雪珂
责任校对：孙　蕊
责任印制：陈晓川

First published in English under the title
FinTech, BigTech and Banks: Digitalisation and Its Impact on Banking Business Models
by Alessandra Tanda and Cristiana – Maria Schena, edition: 1
Copyright © Alessandra Tanda and Cristiana – Maria Schena, under exclusive license to Springer Nature Switzerland AG, 2019
This edition has been translated and published under licence from Springer Nature Switzerland AG.
Springer Nature Switzerland AG takes no responsibility and shall not be made liable for the accuracy of the translation.
北京版权合同登记图字 01 – 2022 – 4320
《金融科技公司、大型科技公司与银行：数字化及其对银行商业模式的影响》一书中文简体字版专有出版权属中国金融出版社所有，不得翻印。

图书在版编目（CIP）数据

金融科技公司、大型科技公司与银行：数字化及其对银行商业模式的影响/（意）亚历桑德拉·坦达（Alessandra Tanda），（意）克里斯蒂安娜·玛丽亚·谢娜（Cristiana – Maria Schena）著；赵大伟，山成英译．—北京：中国金融出版社，2023.2
ISBN 978 – 7 – 5220 – 1266 – 7

Ⅰ.①金… Ⅱ.①亚…②克…③赵…④山… Ⅲ.①数字化—影响—商业银行—商业模式—研究 Ⅳ.①F830.33

中国国家版本馆 CIP 数据核字（2023）第 034670 号

金融科技公司、大型科技公司与银行：数字化及其对银行商业模式的影响
JINRONG KEJI GONGSI, DAXING KEJI GONGSI YU YINHANG: SHUZIHUA JIQI DUI YINHANG SHANGYE MOSHI DE YINGXIANG

出版发行　中国金融出版社
社址　　　北京市丰台区益泽路 2 号
市场开发部　（010）66024766，63805472，63439533（传真）
网 上 书 店　www.cfph.cn
　　　　　　（010）66024766，63372837（传真）
读者服务部　（010）66070833，62568380
邮编　　　100071
经销　　　新华书店
印刷　　　保利达印务有限公司
尺寸　　　169 毫米×239 毫米
印张　　　7.75
字数　　　85 千
版次　　　2023 年 2 月第 1 版
印次　　　2023 年 2 月第 1 次印刷
定价　　　56.00 元
ISBN 978 – 7 – 5220 – 1266 – 7
如出现印装错误本社负责调换　联系电话（010）63263947

第一章 金融科技革命简述

摘　要：金融市场数字化正在对金融产品和服务供给产生深远的影响。目前，新型金融服务供给主体（如金融科技公司、大型科技公司）利用先进科技和创新商业模式提供金融服务，给传统金融机构带来了巨大的竞争压力。本书梳理了金融科技公司、大型科技公司以及银行的商业模式，进而重点分析其异同，并回应当前关于更新金融监管框架（平衡金融科技带来的潜在风险和机遇）必要性的争论。

关键词：金融科技；大型科技公司；数字化；银行；商业模式

数字经济与金融服务

数字经济的发展正在影响所有行业和商业部门，并以前所未有的速度和强度催生新的改变（Arner等，2016）。一种新的生活、思维和行为方式正在萌芽，并对公众经济生活产生影响——改变公众的消费习惯和职业行为。数字化简化了生活并改变了我们获取服务的方式（OECD[①]，

[①] 经济合作与发展组织（Organization for Economic Co-operation and Development, OECD）是由38个市场经济国家组成的政府间国际经济组织，旨在共同应对全球化带来的经济、社会和政府治理等方面的挑战，并把握全球化带来的机遇。

2017）。因为新型金融服务供给主体——金融科技公司的出现，使数字化对金融业（特别是银行服务）产生了显著影响（Arner 等，2016；Zetzsche 等，2017）。当前，金融科技公司正在以科技化、数字化手段提供金融服务，通过多样性、创新性的战略方法和商业模式来满足消费者的要求和偏好。

鉴于此，金融体系的外延正在扩大，并将金融科技行业纳入其中。金融市场格局发生了重大变化，科技创新模糊了金融产品和服务之间、名义提供金融服务的主体（获得金融监管机构授权）和实际提供金融服务的主体之间的边界（EBA[①]，2017）。同时，新型金融服务供给主体的出现也对现有金融机构的市场份额产生了影响。金融科技革命对银行业的影响尤为明显，银行在竞争压力面前不得不重新思考自身的业务发展。

本书主要研究目的在于分析不同类型金融服务供给主体（金融科技公司、大型科技公司和传统金融机构）在提供银行服务时的战略选择，并研究数字化对银行、其他银行服务供给主体商业模式的影响。为此，本书梳理了当前金融市场中的最新实践，将欧洲实践作为主要研究对象并与其他国家和地区（如美国、中国）的实践进行比较分析，其中包括非欧洲金融机构通过各种组织方法和商业模式进入欧洲金融市场的相关情况。

根据金融稳定委员会[②]（2017）和欧洲银行业管理局（2018）的

[①] 欧洲银行业管理局（European Banking Authority，EBA）自2011年1月1日成立起，就全面接管原欧盟银行业监管委员会的所有职能及权责，负责对欧洲银行进行压力测试，维护欧盟内部银行业的公平、良性竞争，对于监管不利的银行进行干预。

[②] 在2008年国际金融危机爆发的背景下，2009年4月初伦敦G20峰会决议设立一个全球的金融监管体系，金融稳定委员会（Financial Stability Board，FSB）在此背景下应运而生，专家称其为"全球央行"。2009年6月27日，根据G20峰会决议设立的"全球央行"正式开始运作。

建议，本书着重分析了与各种商业模式相关的机遇和风险。在研究过程中，本书基于一个包含海量国际实践案例信息数据的专有数据库，重点分析当前全球金融体系正在发生的变化。

本书的研究框架

本书重点研究金融科技公司、大型科技公司和传统金融机构的特征，并梳理当前关于金融监管框架[①]的最新观点。

第二章旨在厘清不同类型的新型金融服务供给主体[②]（金融科技公司、科技金融公司、大型科技公司）之间的差异。本章在研究欧洲金融市场具有代表性的金融科技公司实践案例的基础上，梳理金融科技公司与科技金融公司的金融业务实践，并与银行的业务模式进行比较分析。

第三章研究具有代表性的大型科技公司案例（四家美国公司和两家中国公司），这些公司正采用各种方法来扩展其金融市场份额。在研究过程中，本章还将分析金融科技公司之间的差异及其与传统金融机构相比所具备的潜在竞争优势。

第四章梳理银行迄今为止所采取的各种战略，分析其如何利用科技发展和业务数字化带来的机遇。更具体地说，本章以三类银行为研究对象，重点分析其所采用战略方法的具体特点。主要研究对象包括：第一类，大型国际银行。这类银行主动响应消费者需求，积极应对金

---

① 以欧洲金融监管框架为研究对象。
② 不包括向金融机构提供科技解决方案的科技公司。

融科技公司与大型科技公司带来的竞争压力。案例研究①表明部分国际银行实际上在某些特定领域处于行业引领地位或为创新作出卓越贡献，也为欧洲国际银行与非欧洲国际银行之间的对比提供了参考依据。第二类，小型银行。研究分析其可能采用的战略选择，并梳理某些金融市场中小型银行的实践经验。第三类，数字化银行。分析新一代数字化银行与传统银行的区别。本章②对独立运营的银行、银行集团或大型科技集团旗下的子银行进行对比，分析其所采用战略方法的差异，并重点分析各种战略方法以及各类金融服务供给主体（数字化金融机构、传统金融机构）的独特特征、优势和劣势。

第五章基于欧洲最新的金融监管举措，针对部分监管问题展开探讨，主要涉及金融监管范围、金融科技业务边界等议题。我们认为"不成熟的金融监管干预会削弱创新带来的益处"这一理念是催生"观望式"金融监管态度的主要诱因。近期，金融监管机构开始注重协调监管行为，以控制金融风险并缩小监管套利空间。在金融市场中，游离在金融监管体系之外的公司提供的不受监管的金融服务，对消费者和投资者保护、金融稳定和金融市场弹性构成了重大威胁。

第六章对银行和金融系统未来发展进行了思考和展望，并为政策制定者、政策受众提供参考依据。近期，国际清算银行巴塞尔银行监管委员会③将"'新一代'银行业务模式"作为理论分析议题，而本章将对此议题的研究分析有所助益。

---

① 以32家国际银行数字化实践为研究对象。
② 本部分研究基于一个包含22家数字化银行实践案例的专有数据库。
③ 巴塞尔银行监管委员会（Basel Committee on Banking Supervision, BCBS）成立于1974年，也称"巴塞尔委员会"，是国际清算银行（The Bank for International Settlements, BIS）下的常设监管机构，其工作主要致力于以下几个方面：改善对国际银行监管技巧的效能；提出任何影响从事国际银行业务的问题，为改善全世界银行业的监管工作，与世界各监管机构交换信息和意见等。

具体而言，本书的研究分析表明银行业存在多种商业模式。虽然金融科技公司、大型科技公司通过提供高度数字化的创新型金融服务，以满足消费者的需求和偏好，但传统金融机构已经在不同程度上对此做出了反应。一方面，大型银行正通过开展规划和创新等方式推进数字化进程，虽然其数字化战略各不相同，但数字化方式主要包括持股、内部研发以及与金融科技公司（大型科技公司）合作等。虽然大型银行实施了多项数字化举措，但大部分都集中在渠道数字化领域，真正对银行服务产生"颠覆"性影响的举措相对较少。另一方面，小型银行正在努力实施与科技研发相一致的重大战略和商业模式变革。这些小型金融机构能否生存可能取决于其与金融科技公司的合作成功与否。最后，数字化银行带来的创新商业模式不仅影响着银行服务、金融服务的供给方式，也会导致消费者预期发生变化。

综上所述，本书认为传统银行在数字化领域进展缓慢、困难重重是促进新型数字化金融服务供给主体发展的主要因素之一。同时，与传统银行相比，新型数字化金融供给主体面临的金融监管相对宽松，从而导致其从中获益。此外，新型数字化金融供给主体在数据处理、监管框架等领域存在的问题对消费者保护提出了挑战，但国际立法层面对这一问题尚未形成一致回应。

参考文献

[1] Arner, D. W., Barberis, J., & Buckley, R. P. (2016). The evolution of FinTech: New post – crisis paradigm. *Georgetown Journal of International Law*, 47 (4), 1271 – 1320.

[2] BIS – BCBS. (2018, February). *Sound practices. Implications of*

fintech developments for banks and bank supervisors. Basel Committee on Banking Supervision—BIS. Retrieved March 27, 2019, from https：//www.bis.org/bcbs/publ/d431.pdf.

[3] EBA. (2017, August 4). *Discussion paper on the EBA's approach to financial technology (FinTech)*. EBA/DP/2017/02.

[4] EBA. (2018, July 3). *EBA report on the impact of Fintech on incumbent credit institutions' business models*.

[5] FSB. (2017, June 27). *Financial stability implications from FinTech, supervisory and regulatory issues that merit authorities' attention*.

[6] OECD. (2017). *Key-issues for digital transformation in the G20*.

[7] Zetzsche, D. A., Buckley, R. P., Arner, D. W., & Barberis, J. N. (2017). *From FinTech to TechFin: The regulatory challenges of data-driven finance*. EBI working paper series, No. 6.

第二章　金融科技业务和商业模式：与传统金融服务的异同

摘　要：科技进步和创新发展使金融科技公司异军突起。目前，金融科技公司能够在传统金融机构的所有业务领域提供金融产品和服务，却尚未被纳入金融监管范围。金融科技公司不仅提供创新金融产品和业务体验，还凭借新商业模式和创新型金融服务进入金融市场，更好地响应消费者需求和偏好。通过金融服务的分拆和重组，金融科技公司能够专注于不同的业务领域，并可能对传统金融机构业务产生颠覆性影响。然而，与大型科技公司相比，金融科技公司要想打造强大的竞争实力，还需要提升收集和整合信息的能力，并触达关键的消费者群体。

关键词：金融科技；分拆；商业模式；金融服务

什么是金融科技

首先需要澄清的是，本书中提及的"金融科技"（Financial Technology，FinTech）仅限于通过科技或数字解决方案提供金融中介服务的公司（Schena 等，2018）。① 具体分析，主要包括为提供金融服务而成立的金融科技公司（FinTech），和先在其他行业（科技和电子商务）运营，随后根据战略发展需求开发并提供金融服务的科技金融公司（TechFin）（Zetzsche 等，2017）。因此，在本书中，科技金融公司包括了大型科技公司，即那些已经偏离其原始核心业务，在多元化战略中提供金融产品和服务的公司，主要包括美国的谷歌（Google）、苹果（Apple）、脸书（Facebook）和亚马逊（Amazon），中国的百度（Baidu）、阿里巴巴（Alibaba）和腾讯（Tencent）以及日本的索尼（Sony）和永旺（AEON）等。

金融科技公司与科技金融公司均是数字化公司，基于应用程序或数字平台（包括开放式应用程序编程接口②、电子平台或数字化场景），利用科技开发和创新金融服务。上述应用程序或数字平台能够加强与消费者的联系，并通过即时访问服务迅速满足消费者需求。

金融科技发展的一个显著特征是"数字邻近"。金融科技公司通过增强金融服务便捷度、提升服务体验等方式，削弱了传统金融机构"物理邻近"的优势。进一步来看，科技的应用打破了地域界限，为开展跨区域经营提供了可能，通过更快捷、更经济的方式传播和更新信息，改变了金融服务供给主体与消费者之间的关系，将科技和数字平台广泛且深入地应用于金融交易。这有助于我们深入了解新型数字化金融服务供给主体在哪些方面更具竞争力，基础设施（如互联网、

---

① 与其他研究不同，本书将科技公司排除在金融科技行业之外。因为这些科技公司不提供金融服务，而是开发可应用于金融市场的科技解决方案，为促进金融中介机构拓展业务提供工具性或功能性的产品和服务。具体可参考 Arner（2016）和金融稳定委员会（2017）相关研究。

② 应用程序编程接口（Application Program Interface，API）被定义为应用程序可用于与计算机操作系统交换信息和命令的标准集。一个标准的应用程序界面为用户或软件开发商提供一个通用编程环境，以编写可交互运行于不同厂商计算机的应用程序。

数字网络、大数据、数字安全等)越先进,与信息分析、清洗提炼、存储和安全传输相关的技术和能力(如大数据分析、机器学习、人工智能、云计算和分布式账本技术等)[1] 也就越强。

鉴于此,对于新型数字化金融服务供给主体而言,科技投资的增长和资源的可用性是其发展的关键。对当前金融市场的研究表明,许多金融科技公司的业务活动仍依赖较为简单的科技,而科技金融公司(尤其是大型科技公司)已经拥有高度复杂和先进的科技基础设施(如大数据、人工智能技术等)(CB Insights,2017)。此外,由于数据和信息来源的不同,导致金融科技公司和科技金融公司在信息和数据处理能力方面存在差异。

金融科技公司是特定金融领域中的初创型企业,必须在获取消费者信息的基础上才能够提供金融服务,需要通过树立自身信誉来构筑运营信用基础。由于整合数据库时间成本较高,与传统金融机构[2]相比,金融科技公司在初创阶段可能会面临诸多经营困难;反之亦然。科技金融公司(大型科技公司)凭借其在其他行业建立起来的消费者信任度和大数据资产,在发展原有业务的同时向消费者提供金融服务(Arner 等,2016;Zetzsche 等,2017)。大型科技公司可以免费获取大量关于客户消费习惯和支付方式的数据信息,而这些海量的数据信息可以为算法提供数据基础。基于此,算法可以自动完成细化、分析、预测等工作,从而定期向消费者推送服务(包括金融服务)建议。通过这种方式,大型科技公司可以迅速有效地满足消费者需求、响应其

---

[1] 大数据来源于各种工具生成和传播的详细信息,包括网站跟踪信息、Cookie、消费者在线消费习惯信息、社交网络信息等。对这些信息的分析旨在评估消费者社交偏好、消费模式和金融科技公司业务活动。

[2] 事实上,传统金融机构掌握着庞大的、有序的、可用的客户数据资产。

要求或预测其资金需求，进而培养其消费能力。这凸显了大型科技公司的强大竞争优势，而传统金融机构面临的主要威胁正来源于此。值得一提的是，相较于金融科技公司，大型科技公司对传统金融机构构成的威胁更广、更深。

在数字化发展的大背景下，获取并有效利用消费者数据和信息是战略性发展要素。[①] 金融业是强数据导向行业，从利润来源角度分析，大型科技公司通过其全球平台收集和分析的大数据可以被视为一种能够替代传统固定资产（如分支机构）的新型资产（Nakaso，2017）。鉴于此，在一个仍处于发展阶段的金融体系中，大型科技公司往往被称为"数字破坏者"（Digital Disruptors）。

这意味着，如果金融科技公司能够采用与大型科技公司类似的科技解决方案，利用大数据技术更有效地获取、处理信息来满足消费者需求，那么其对于传统金融机构的替代效应将更为迅速且显著。这使得"软信息"[②]被大数据分析取代，而银行和其他受监管的金融机构

[①] Nakaso（2017）分析了数据的重要性和数据在"数据驱动"经济中的应用："我想以地图为例来分析数据应用的演变。多年来，地图精确程度的不断提升给我们带来了极大的便利。当前，我们能够享受诸如'谷歌地图'这类地理数据应用带来的好处。然而，与过去不同的是，我们不再只是数据的用户，我们对这些数据服务的访问日志本身就构成了一组新的大数据，并且有可能利用这组大数据的价值。在当今社会，数据是一种资源，权力属于那些能够收集和有效利用大数据的群体。这与拥有大量石油资源国家的经济发展类似，这些国家的经济实力会随着石油加工能力的提升与石油销售渠道的完善而得以增强。"

[②] "软信息"常用在描述银行和中小企业关系的相关资料中。所谓"软信息"，是指不能按标准化办法收集和处理、从而无法通过书面方式在借款人与银行之间以及在银行内部准确传递的信息，用通俗的语言来说是"只可意会"的信息。借款企业经营管理者的性格、企业文化、企业信用、与供应商及客户的关系、社会形象等均属"软信息"。在银行贷款业务中，"软信息"主要是非财务信息。此外，关于"硬信息"和"软信息"之间的差异及其在金融市场中的应用，请参见 Liberti、Petersen（2018）的相关研究成果。

第二章 金融科技业务和商业模式：与传统金融服务的异同

在金融市场中发挥其重要作用的基础恰恰就是这些"软信息"。[①] 当前，新型金融服务供给主体带来的威胁已经显而易见，随着金融科技公司数量的增长，行业竞争可能会进一步加剧，也将促使金融服务规模迅速扩张、金融服务多样性发展。

此外，金融科技的发展正在改变消费者的行为模式。金融科技公司提供的快速的、易获取的、便捷的金融服务深得消费者青睐。与传统的金融产品和服务相比，新型数字化金融服务供给主体"以消费者为中心"的服务能力提高了消费者（尤其是年轻群体和高度依赖数字化的群体）对其的信任程度（Capgemini-EFMA，2017）。凭借强大的个性化服务能力和卓越的消费者体验[②]，上述竞争优势在大型科技公司中表现得尤为明显（Sperimborgo，2016）。这一竞争优势的重要性不言而喻，因为消费者需求和偏好已经发生了改变——正如欧洲银行业管理局（2018）所强调的"金融服务效率、消费者关注度、金融服务灵活性已经成为消费者选择金融产品和金融服务供给主体的关键参考因素。"[③] 值得注意的是，分析新型金融服务供给主体的特征时需要关注金融服务供给的全流程。金融科技的发展建立在对金融服务分拆[④]的基础上，即分

[①] Gobbi（2016）认为："银行面临的最大损失可能来自金融服务，因为金融服务的业务流程实现了高度数字化（如支付、消费信贷、证券经纪和被动管理式基金）。如果科技的应用使得大数据分析全面替代'软信息'，那么诸如中小企业贷款等金融市场也将面临风险。"

[②] 消费者体验可以定义为消费者在购买产品和服务时，与供给主体互动过程中的体验。

[③] 分析调查显示，与传统金融机构相比（Baker 等，2017；Jakšič 和 Marinc，2015），大型科技公司已经建立起能够吸引大量消费者的声誉（Sperimborgo，2016；Barba Navaretti 等，2017；OICV-IOSCO，2017）。例如，Viacon 2013 年的一项调查显示，75% 的受访者更愿意从大型电子商务平台（如谷歌、亚马逊等）购买金融产品，而不是购买传统金融机构提供的金融产品。此外，大多数消费者对银行服务表现出明显不满的情绪。

[④] "分拆"是指将产品和服务进行分解，并根据需求仅提供必要的服务，从而使提供部分金融服务成为可能。例如，金融科技公司只需提供支付和贷款服务，而不用提供包括支付、存款、贷款和资产管理等服务在内的全套银行服务（Fujitsu，2018）。

解金融服务流程，通过搭建直销渠道（数字平台）和其他科技化渠道（如应用程序）提供专业化金融服务。鉴于此，消费者可以直接进行金融交易，而不必依赖受监管的金融机构或金融市场。同时，金融科技公司不仅不需要承担其提供的金融服务可能带来的风险，还能够去开发尚未处于监管之下的业务领域。因此，金融科技公司往往被认为是"不是银行的银行"[1]，在同一业务领域中能够取代传统金融机构。

上述模式完全不同于银行传统上使用的"通用或多业务经营模式"，金融科技公司采用了与银行完全不同的风险管理手段，同时，其面临的金融监管压力要比银行更轻。为了更清楚地了解这些问题，本章后续研究将结合案例详细介绍金融科技公司的业务领域和商业模式。

金融科技的业务领域与特点

通过对比研究分析金融科技最早萌芽且发展较为成熟的国家（如美国、英国[2]和中国）、金融科技刚刚兴起且业务规模和市场份额均不高的国家[3]（如意大利）的实践案例（EBA，2017），可以看出金融科

---

[1] Worthington 和 Welch（2010）最早提出这一观点。
[2] 长期以来，英国（尤其是伦敦）都较为注重金融创新，这在某些方面与强市场导向型的美国经验相似。因此，英国吸引了大量来自国外的金融科技项目。在英国成立的这些外国金融科技公司可以在获得英国金融监管机构许可证的前提下提供受限制的金融业务，并根据相互承认原则在欧洲展业。在英国脱欧及脱欧"无协议"的背景下，部分金融科技公司为确保其欧洲市场金融服务的连续性，已经开始向其他欧洲国家申请金融业务许可证。如 Satispay 在 2019 年初已经从卢森堡金融监管机构获得了授权，可以作为支付机构提供相应的金融业务（Finextra，2019）。
[3] 在欧洲，意大利金融科技发展缓慢。特别是与英国、德国、法国和荷兰等其他欧洲国家相比，意大利对金融科技的投资仍显不足（意大利银行，2017；PWC，2018）。普华永道 2019 年统计数据显示，意大利金融科技行业交易总额为 380 亿美元，是英国的 1/5，德国的 1/3，法国的 1/2。尽管金融科技行业发展缓慢，但意大利很重视金融科技公司数量、收入和交易量的预期增长率。

第二章 金融科技业务和商业模式：与传统金融服务的异同

技行业所包含的多样化金融业务，能够满足消费者的各类金融需求。例如，近期一项针对在意大利展业的金融科技公司的研究表明，金融机构业务边界已经显著扩大，各类新型金融服务供给主体可以提供传统金融机构各领域的业务和服务（如表2.1所示）。

表2.1 金融科技公司的金融业务简介

(a) 融资						
股权融资			债权融资			
股权众筹（零售）	"俱乐部交易"（私募、天使投资）	面向机构和合格投资者募集资金	借贷众筹（互助借贷、P2P网络借贷）	短期借贷（发票借贷、商业信用贷款）	"俱乐部交易"（私募、天使投资）	面向机构和合格投资者借款
(b) 投资						
投资交易		财务管理		财务咨询		
零售和机构客户交易		基金管理服务	电子存钱罐	针对第三方或者自有金融产品的传统财务咨询；或基于高级分析工具（智能投顾）的数字化财务咨询		
上市和非上市证券交易平台	提交和执行订单的平台	使用各种支付工具（活期账户、信用卡等）和基金退出计划的费用	只留存资金			
替代资产交易平台（加密货币）	能够模仿其他交易员策略的平台		留存资金并投资于金融产品			
(c) 支付						
转账服务		支付方案				
法定货币（纸币/电子）	虚拟货币（加密货币）	法定货币（纸币/电子）	虚拟货币（加密货币）			
(d) 保险服务（保险科技）						
保险和养老金服务及产品						

资料来源：根据Schena等2018年的研究成果整理。

本章节的研究基于一个专有的数据库，其中包含Schena等于2018年对在意大利运营的71家金融科技公司开展研究的数据。目前，相关数据已经得到更新、补充，并加入了近期意大利金融科技发展最新情况和国际相关动态等信息。基于此，本章节可以全面展示金融科技公司的商业模式（尤其是金融产品和金融服务流程细节等），并分析其与传统金融机构商业模式之间的差异。

首先需要强调的是，国际上金融科技公司的运营领域是趋同的，其差异主要体现在不同法律框架[①]下形成的行业发展环境（受限制或是被鼓励）、金融科技服务的触达程度和可获得性[②]、个人金融市场中金融服务的类型等几个方面。

本章主要研究目标是分析欧洲银行业中各类活跃的金融服务供给主体的商业模式，即重点分析金融科技公司的类银行业务，暂不分析保险科技业务[③]以及不同国家法律框架的差异等问题。

借贷业务

金融科技公司通过数字平台直接提供借贷服务，消费者可以以贷款人或借款人的身份登录平台。借款人是通过股权或债权等方式（债券和贷款）获取金融资源的个人或小企业（中小企业）。在借贷业务领域，金融科技公司提供了能够满足消费者多样化、个性化需求的借贷方案[④]，包括短期借贷方案（借贷众筹、社会借贷、P2P 网络借贷）、发票借贷、保理业务和商业信用贷款等。

---

① 如世界各国不同的税收法律、不同金融监管框架产生的影响。
② 通过应用程序和网络链接提供金融服务是金融科技在非洲发展的基础。类似地，中国金融科技的超密集发展极大地提升了金融服务的普及性，将以往无法享受银行服务的人群纳入金融科技的服务范围（Hau 等，2017）。
③ 在国际范围内，保险科技是重要行业。保险科技包括通过创新渠道和先进科技提供的保险和养老金服务等，这些技术能够以创新方式管理与保险活动相关的风险（OECD，2018）。
④ 具体可参见 CGFS – FSB（2017）、Bofondi（2017）以及 Claessens（2018）的相关研究成果。

第二章　金融科技业务和商业模式：与传统金融服务的异同

多样化的金融需求可以通过各类贷款人来满足。当平台将散户投资者作为主要目标客户群体时，这种商业模式就是纯粹的众筹模式。或者，当平台按照自己的标准选择特定投资者来提供资金支持时①，这种商业模式就是"俱乐部交易"模式，即针对特定对象的私募投资（如天使投资）。另一种模式是由专业或授权投资者（如投资基金、保险公司等）参与，这些投资者可以在新发行时承销股份（债券和股票），或者在金融科技公司已经共同出资的情况下从其手中购买股份。

金融科技公司和金融机构之间的合作很有意义，可以促进相关业务活动的开展。机构投资者参与股权或贷款众筹投资有助于提高数字市场的透明度和效率。首先，机构投资者参与一级市场交易可以向散户投资者释放关于金融科技公司和（或）投资项目质量的信号，这对提升金融科技公司的声誉和信誉大有裨益。其次，当机构投资者承诺在发行后的证券承销环节中充分考虑金融科技公司客户需求时，还可以在金融科技平台发行股票或债务的二级市场上提供流动性服务；反之，在缺乏专业和合格投资者的情况下，可能导致在平台上借款的公司缺乏甄选标准，也很难获取其风险评级的方法及相关信息，进而使金融科技公司所处的市场变得极不透明，甚至有可能会变得极其缺乏流动性和充满风险。除此之外，金融科技公司采用的商业模式可能会对平台客户（尤其是贷款人）的正确行为激励产生重大影响。

如前所述，金融科技公司通常将其业务界定为消费者提供"交易场所（市场、渠道）"——这是受监管的金融机构所管理的传统渠道的直接替代品。作为传统金融服务渠道的替代方案，金融科技公司可

---

① 金融科技公司在确定特定投资者时主要参考以下标准：金融资产或净资产数额达标、有在金融行业的工作经验和（或）专业教育背景（如经济学专业毕业生）、天使投资人等。

以在其平台上为选定的项目提供资金（提供部分资金或承销部分股票、债券），从而与其他投资者分担风险。在这种情况下，金融科技公司可以选择是否继续承担交易风险或信用风险，或将证券出售给第三方投资者，或继续进行证券化操作。

经过研究发现，在国际范围内，金融科技公司贷款众筹业务采用的商业模式主要包括以下三种（Kirby 和 Worner，2014；FSB，2018）：

- 纯中介模式（A Client Segregated Account Model）：金融科技平台只负责匹配贷款人和借款人。贷款人和借款人签订合同，资金通过金融科技平台外部支付账户完成支付。在这种情况下，金融科技平台只是为想要投资的主体和需要资金的主体提供一个展示需求和相互连接的平台。

- 公证模式（A Notary Model）：与第一种商业模式类似，但由参与贷款业务的银行归集贷款人资金，当资金达到借款人所需的贷款金额时，由银行向平台借款人发放贷款。平台上的贷款人则从该平台（经公证的平台）收到一张相当于信用证的票据作为凭证。

- "承诺"回报模式（A "Guaranteed" Return Model）：在这种商业模式中（在中国较为常见，在欧洲不太常见），金融科技平台归集贷款人资金，并根据借款人的风险等级来提供贷款。在这种情况下，贷款资金主要由金融科技平台来提供，但在某些情况下，资金也可以由对冲基金或银行来提供。

显然，在"承诺"回报模式中，金融科技平台直接向借款人放贷，而贷款人凭借其提供的资金从金融科技平台获得收益（回报），且不需要承担信用风险。也就是说，金融科技平台负责归集资金并放贷，且承担借款人无法按期偿还贷款的风险，而贷款人需要承担金融科技平台破产导致资金损失的风险。如果由对冲基金或银行来放贷，那么则由对冲基金或银行（而非金融科技平台）来承担信用风险。

在纯中介模式和公证模式中，金融科技平台只负责向借款人和贷款人提供一个相互连接的平台，信用风险完全由贷款人承担。特别是在纯中介模式中，金融科技平台以风险等级为基础来"匹配"借款人和贷款人，贷款合同则由借款人和贷款人来起草。在公证模式中，金融科技平台上的贷款人签署了交易协议并将资金转移给银行后，金融科技平台会向贷款人发放信用票据（通常被视为一种证券），从而将信用风险从发放贷款的银行转移给这些贷款人（Kirby 和 Worner，2014）。此外，需要注意的是，P2P 网络借贷和借贷众筹平台的证券化业务可能会增加道德风险，降低平台对贷款质量的关注，这种情况与以往盛行的"贷款证券化"模式下的贷款业务类似。①

需要强调的是，凡是由金融机构（经纪人或交易商形式的投资公司、银行、其他类型贷款机构、消费金融公司、保理公司等）和（或）受监管的一级/二级金融市场提供的金融中介、承销、谈判和贷款等业务，均需要遵守法律制定的行为和管理准则，以保护消费者和金融体系的完整性。

相比之下，世界各国对股权和贷款众筹平台的监管存在较大差异，甚至往往未对这些平台进行监管，只有在特定情况下，对采用特定类型商业模式的平台进行监管（受到与金融机构、受监管金融市场

---

① 关于金融科技公司和受监管金融机构（银行和机构投资者）之间风险转换的相关研究请参见金融稳定委员会（2017b）及《欧元区基于贷款的众筹：来自银行之外的贷款》（Christian Weistroffer、Lieven Hermans，ECB）。Kirby 和 Worner（2014）曾强调"近期出现了证券化业务和银行贷款业务相关联的案例——点对点无担保贷款证券化。这使市场向新的投资开放，但也使金融市场暴露在新的风险敞口（无担保贷款）之下。"

类似或相同的法规约束),或者当现有监管规则无法将金融科技公司的金融服务创新活动纳入监管范围时,通过制定特定的监管规则实现对平台创新活动的监管。①

运营独立化导致运营职能和其他业务流程相分离,使金融科技公司将自己定位为仅仅负责运营的部门从而逃避金融监管,同样认为自己仅在传统金融机构无法有效满足消费者需求的金融业务领域提供服务。事实上,金融科技公司在很多金融业务领域提供服务,并凭借更为直接的渠道、更为便捷和更高可获得性的金融产品迅速扩大市场份额,却没有受到与传统金融机构同等的监管,如发票贷款和中小企业融资等。上述这种在欧洲刚刚萌芽的现象②,也同样出现在美国,金融科技公司在不受监管的情况下运营,且成功地替代银行填补了中小企业资金需求的"缺口"。③

美国头部金融科技公司中,PayPal④的战略目标是向难以享受银行服务的市场主体(尤其是中小企业)提供资金支持,其2018年业务量达到了美国排名前五银行的业务量水平(与富国银行Wells Fargo、美国银行Bank of America和摩根大通JP Morgan Chase的业务量相当)。需要特别强调的是,与银行贷款业务相比,PayPal贷款业务主要是面向中小企业提供小额贷款。在信用风险评估业务中,PayPal没有采用

---

① 本书第五章将针对监管议题展开深入研究。
② 关于欧洲的情况分析请参见欧洲央行2018年开展的相关研究。意大利中小企业众多,银行难以全面满足这些企业的资金需求。金融科技公司的快速发展,如Credimi(受监管的发票贷款运营商)和Borsa del Credito(借贷平台),充分证明其有能力替代银行满足中小企业金融需求。
③ 美联储2017年的一项研究表明,虽然中小企业盈利能力正在提高,但却越来越难以从银行获得贷款。因此,越来越多的中小企业开始通过不受监管的网络贷款人获取资金支持。
④ 虽然很多研究将PayPal归类为大型科技公司,但由于其自成立以来就一直在提供贷款业务且已经成为世界上最大的贷款业务供给主体之一,因此,本研究认为将其定义为金融科技公司最为合适。2002年,PayPal被eBay收购。2015年,PayPal从eBay中独立出来并在美国纳斯达克证券交易所上市。

与银行相同的信用评分技术,而是基于其数字平台上长期积累的商品和服务销售数据,利用算法来分析和评估借款公司的发展前景与风险水平。此外,PayPal还应用了一种贷款偿还机制——借款公司每在平台上完成一笔销售业务,平台都会自动从销售额中扣除一定份额用于偿还贷款(Rooney,2018)。

当前,与传统金融机构的国际业务量相比,金融科技公司在国际和欧洲借贷市场、股票市场的业务规模仍然相对有限,导致一些国际组织认为金融科技发展不会引发影响金融稳定的系统性风险(FSB,2018)。然而,各国金融监管机构则认为将金融科技纳入监管并采取有效监管措施是非常有必要的。本书也赞同这一观点。

首先,从宏观经济层面来看。未处在监管框架之下的零售渠道(直接渠道)可能无法带来金融资源的最优配置,进而影响储蓄市场和金融市场的效率。部分负债严重或信用太低而无法获得银行贷款的主体,往往会成为数字平台的服务对象。在某些情况下,当金融科技公司单独提供金融产品和服务时,其进行合格投资者审查和筛选的意愿不强(激励不足),这主要是因为金融风险将最终由数字平台上的投资者或贷款人承担,而不是由数字平台本身来承担。

其次,从客户层面来看。对不同商业模式的分析表明,金融科技公司提供的数字平台与所有未处在监管框架之下的服务渠道(直接渠道)类似,很容易引发金融消费者(投资者和贷款人)保护问题[①],特别是金融知识、投资经验较为匮乏的金融消费者,其权益更容易受

---

① Kirby和Worner(2014)的研究提到:"由于P2P贷款平台的社交网络性质,投资者可能基于个人认知和他人说服性的叙述做出决策,而不是基于金融知识、投资经验做出决策。虽然政府和媒体都没有强调这一点,但从学术研究角度来看,P2P平台使用的软信息、说服性的叙述和图片的行为已经能够充分证明这一现象。"

到侵害。我们认为，大量金融科技平台破产和经营困难的案例（不恰当的业务操作、借款人信誉评估失误、欺诈等）正是上述问题的明证，这对金融消费者产生了相当大的负面影响（Arner 等，2016；ASIC，2017；BIS – FSB，2017；Financial Times，2018）。中国金融科技平台的风险案例尤其具有代表性（World Bank and People's Bank of China，2018），其对金融消费者保护产生的负面影响值得进一步关注和研究。[1]

欧洲的金融监管框架正在变化，金融机构间的竞争环境及商业模式也随之发生改变。事实上，在资本市场联盟行动计划（Capital Market Union Action Plan）的背景下，欧盟委员会[2]认为欧洲数字平台监管规则趋同是有益的，并于2018年向欧洲议会[3]提交了一份欧洲众筹业务运营商（European Crowdfunding Service Providers，ECSP）监管提案。[4] 如果该提案获得批准，则可以将欧洲公司的股权和贷款众筹平台纳入金融监管框架，并允许其在欧盟内享有相互承认的权利。

---

[1] Claessen（2018）指出："鉴于最初较为宽松的法律约束和监管框架，中国迅速成为全球P2P贷款的主阵地（其次是美国和英国）。2016 年，中国金融科技平台新发放的贷款相当于银行贷款的40%。但是，中国的 P2P 平台经营困难和违约的案例较多，所以金融监管机构在平台风险转化为市场稳定问题之前就进行了干预。中国金融监管机构在 2016 年和 2017 年对 P2P 平台加强监管，禁止 P2P 贷款平台为自己筹集资金（存在利益冲突）、销售保险（除非是授权中介机构）以及向学生发放贷款。此外，在超短期贷款（现金贷款）领域制定了更加严格的法规和监管政策。这导致中国 P2P 贷款平台的数量和运营规模大幅萎缩，一些平台已经关闭，或者与其他平台合并，这对金融消费者产生了负面的影响。"

[2] 欧盟委员会（European Commission，EC），是欧洲联盟的常设执行机构，也是欧盟唯一有权起草法令的机构。

[3] 欧洲议会（European Parliament，EP）的前身是1952年成立的欧洲煤钢共同体议会，当时由法国、德国、意大利、荷兰、比利时、卢森堡6个成员国的78名议员组成，1962年改称"欧洲议会"，它是欧盟三大机构（欧洲理事会、欧盟委员会、欧洲议会）之一，为欧盟的立法、监督和咨询机构，总部设在法国城市斯特拉斯堡。

[4] 关于欧洲众筹监管提案的详细内容请参见本书第五章相关内容。

投资业务

许多金融科技公司已经开发了与投资业务相关的产品和应用程序,其中一些非常具有创新性,部分平台可以在投资交易、财务管理和财务咨询等不同领域提供服务(如表2.1所示)。在上述三个细分市场中,金融科技公司倾向于在分拆金融业务的同时将相似的金融业务重新组合起来。

投资交易:由数字平台向散户投资者或机构投资者提供服务。一些金融科技公司不仅为客户提供了谈判的渠道,还能将金融交易功能(证券买卖)与社交功能(创建社区或通过博客,使客户能够与其他交易者讨论和分享经验)相结合,为客户模仿他人交易策略(复制交易)提供可能。

财务管理:该服务通常针对散户投资者,使其能够在虚拟环境中查看自己的信用卡或借记卡支出情况,并制定储蓄或个性化消费方案。作为财务管理的一种形式,电子存钱罐使客户能够定期在虚拟钱包中存钱。它主要有两种类型,一是让客户为购买某种商品或服务而存钱,一旦客户实现储蓄目标,就会收到提醒,如果客户愿意,便可以使用资金购买所需的商品或服务,但是该服务对资金的使用没有任何限制,即便客户尚未达到储蓄目标,也可以在任何时间使用全部或部分资金。二是将投资业务链接到储蓄应用程序。通过这种方式,金融科技公司提供与储蓄计划类似的服务,客户可将资金投资于储蓄应用程序提供的金融工具或投资基金,既可以投资金融科技公司旗下的产品,也可以购买银行或其他金融机构提供的第三方产品(如证券和投资基金)。

财务咨询：基于自动化程序为散户投资者制定个性化的投资建议（智能投顾）。① 金融科技公司在智能投顾领域拥有较大优势，通过对客户规模和财富数据进行算法处理分析，从而在短时间内生成个性化的投资建议。投资建议既包括购买金融科技公司的产品（如投资基金），也包括根据合伙协议提供的第三方产品（在这种情况下，投资者通常授权金融机构采纳并执行金融科技公司的投资建议）。

需要注意的是，传统金融机构提供的投资交易、财务管理和财务咨询等业务受法律监管约束（在国际层面上并不统一），都旨在保护消费者权益和减少利益冲突。但是，由于产品分拆和非直接服务等因素，导致金融科技公司提供的投资业务可能未受到监管，从而游离在监管体系之外。如果金融科技公司未作为受监管的金融中介来提供产品和服务，那么即便它提供的是投资业务，也没有义务全面遵守客户适当性（《欧盟金融工具市场指令Ⅱ》，Markets in Financial Instruments Directive Ⅱ，MiFID Ⅱ）、透明性、合同缔约前义务、合同公平原则等法律框架的规定。② 鉴于此，投资者保护措施的重要性尤为凸显，特别是在使用人工智能算法时，由于缺乏有效监管，我们无法知道算法是否充分考虑了投资者的风险偏好和有效的金融需求（Barbagallo，2018）。③ 客户的自我保护至关重要，客户可以自由表达他们的投资意愿和偏好，但需要关注以下问题：金融科技公司是否受到监管；金融科技公司提供的信息是否真实有效；投资业务是否

---

① 有关智能投顾及其在运营和监管中的影响，请参见 Capgemini-EFMA（2017）、Consob 等（2017）、Pia（2017）和 ESAs（2018）相关研究。

② 参见本书第五章的相关内容，深入了解欧洲智能投顾监管。

③ 关于财富管理的定义方式（是否有人为干预）和算法功能，请参见 Di Mascio（2018）。关于金融机构使用算法和人工智能所面临的机遇和风险，请参见 BaFin（2018）。欧洲金融监管当局和金融稳定委员会此前已经对该主题进行了相关研究。

第二章 金融科技业务和商业模式：与传统金融服务的异同

存在利益冲突；投资业务是否存在与风险偏好、有效投资需求不一致的投资标准。

事实上，作为金融中介的金融科技公司也面临着巨大的创新压力。以基于算法的金融投资业务为例，此业务实现了人工智能技术在业务流程中的应用，可以对海量大数据进行实时存储和处理，在准确解读、把握金融市场态势的基础上进行新投资，或对现有投资组合进行优化。

随着数字化转型的持续推进，智能投顾正处在快速发展阶段，世界上许多金融科技公司和非金融科技公司都在使用智能投顾提供服务。与传统投资业务不同，智能投顾并非面向最终投资者，而是面向财务顾问。智能投顾使财务顾问可以利用前沿的技术解决方案为客户提供财务咨询服务。同时，财富管理领域也涌现出多样化的数字商业模式（财富技术），这不仅能够改善客户体验，还有助于构建更为先进的、包含诸多变量的财富管理方案（Di Mascio，2018）。

支付业务

金融科技公司首先在转账和支付业务领域实现了全球覆盖，大量运营商可以在全球范围提供高效、便捷的转账和支付服务。即使没有银行账户，金融科技公司也可以提供快捷、低成本的跨境转账服务，某些运营模式还能将现金充值到预付卡或虚拟钱包，甚至在特定的实体零售网点或自动取款机（Automated Teller Machine，ATM）也能实现充值功能。[1]

---

[1] 例如，在一些国家，自动取款机可以让客户为比特币钱包充值。亚马逊现金（Amazon Cash）可以在某些合作伙伴网点为客户的亚马逊账户（以法定货币表示的电子钱包，只能在亚马逊上使用）充值。通过现金存款，亚马逊客户可以将现金转移到这个电子钱包。

当前，支付业务应用了大量先进的技术，如与活期账户、信用卡、虚拟钱包（与活期账户分离）相关的应用程序。客户可以通过设备（智能手机、平板电脑）激活、访问这些应用程序，并用法币或虚拟货币充值。虚拟钱包与活期账户的主要区别在于其用途的不同。活期账户是附带支付功能的、用于存储流动性的合同，而虚拟钱包则是支付工具。此外，二者的供给主体也有所不同，虚拟钱包不一定由银行或其他受监管的金融机构设立。例如，加密货币钱包（目前不被视为法定货币）就是这种情况，它由不受金融监管（甚至无监管）的公司设立。从法律层面来看，如果银行倒闭，拥有活期账户的客户将受到法律规定的最高存款保障金额的保护（欧洲范围内为10万欧元）。但是，如果不受金融监管的虚拟钱包供应商倒闭，则客户的存款将得不到任何保障。[1] 在某些情况下，支付业务应用了面部识别和数字指纹等前沿的安全保障和身份验证工具，以提升客户交易的安全性。

PayPal成立于1998年，是首批进入支付领域的金融科技公司之一，它基于已有的支付基础设施，通过互联网建立了转账和电子支付系统。如今，PayPal是支付行业最重要的国际运营商之一，在200多个国家开展业务，向客户提供转账、支付等金融业务。PayPal基于内部研发战略，创建了一个由金融公司组成的集团，这些金融公司专门负责分销支付业务并提供贷款服务等。作为在线支付平台，PayPal积

---

[1] 加拿大主要的加密货币平台Quadriga就是一个有趣的例子。2019年，该门户网站所有者突然去世，导致价值约2亿美元的加密货币被冻结。由于该门户网站所有者是平台访问密码的唯一持有者，也是唯一知道密码的人，导致投资者无法使用该平台托管的加密货币钱包。

累了大量的数据和信息,从而实现了借贷领域的多样化运营。① PayPal 的发展充分证明了金融科技公司的竞争潜力。随着时间的推移,金融科技公司的经营规模和市场份额显著增加,往往通过独立运营或与其他行业科技公司合作等方式实现服务的多样化,并影响传统金融机构的市场份额。

在数字化的大背景下,金融机构在各业务领域内的竞争将更加激烈。例如,欧洲实施有关数据自由跨境流通和信息处理安全的法规(《通用数据保护条例》,General Data Protection Regulation,GDPR),这对银行应用技术保护客户数据安全形成了严峻的挑战。② 此外,《支付服务指令2》(Payment Service Directive 2,PSD2)允许第三方机构在账户持有人同意的情况下访问与银行客户活期账户相关的数据。一方面,这使金融科技公司能够免费使用以前由银行独家持有的有价值的客户信息;另一方面,该指令规定只有受监管的第三方才被允许访问银行数据(EBA,2018;Schena 等,2018;Scopsi,2018)。这将促使金融科技公司加快获得许可证(如从事支付、电子货币相关业务的许可证),从而实现在监管框架内的合规经营。

在支付业务领域,金融科技公司纷纷开始提供虚拟货币(加密货币)管理服务,使客户能够以加密货币为媒介实现资金的转移支付,

---

① PayPal 目前领导着一个上市集团,由 Venmo、Xoom 等子公司组成,这些子公司被金融监管机构授权从事资金转移业务。此外,PayPal 欧洲子公司是卢森堡的一家信贷机构,该机构受卢森堡金融监管委员会监管(根据其授权开展业务)。该集团提供各种网络金融服务,包括 PayPal 现金、PayPal 信用、预付信用卡以及企业(商户)支付和借贷服务等。

② 值得一提的是,欧盟委员会不断监测分布式账本技术(Distributed Ledger Technology,DLT)和区块链等创新支付体系基础技术的发展,以便在金融市场上进行交易验证和安全等方面的应用。欧盟委员会专门成立了一个欧洲工作组(欧盟区块链观察站和论坛),负责追踪该技术的发展趋势和应用实践,从而促进欧洲层面的区块链信息和技术交流,并为决策者提供建议(www.eublockchainforum.EU)。

并在加密货币钱包线下网点,通过支付加密货币(主要是比特币)直接提取现金(法定货币)。最近,在包含欧洲国家在内的众多国家中,金融科技公司通过安装自动取款机,使客户能够使用电子钱包中的加密货币完成取款和存款业务。虽然这些国家的加密货币不是法定货币,但尚未被划定在非法范围。事实上,只有少数国家制定了加密货币的具体监管规则,而其他国家金融监管机构则持"观望"态度。[①]

商业模式的演变

目前,金融科技业务呈现的具体特征主要由两个要素组成,一是业务流程的显著专业化,这是传统金融服务流程细化、分解的必然结果;二是开拓数字渠道以促进金融交易,提升金融服务可获得性,并快速响应客户的金融需求,逐步改善客户体验。金融科技的发展不能视为简单地利用数字技术创新销售渠道,而是强调运营流程、金融产品和服务的多样化创新,让数字技术在运营流程和服务中发挥不可或缺的作用。

流程方面,金融科技公司应用算法快速处理客户数据、制定运营方案,能够缩短金融交易时间并降低交易成本,从而以更高效的方式提供传统金融服务(如在贷款和票据借贷领域,金融科技公司可以超快速响应客户的融资需求,以较短时间将现金存入客户活期账户)、创新金融服务以及金融咨询服务(如智能投顾)等。

产品创新方面,作为传统金融服务替代品的创新型金融服务迅速

[①] 本书第五章梳理了欧洲和国际层面上关于加密货币的主要法律法规。

第二章　金融科技业务和商业模式：与传统金融服务的异同

发展（如电子钱包、复制交易、加密货币等），金融科技公司能够以越发多样化的方式满足客户金融需求。① 金融科技公司的发展战略随着时间的推移而演变，并逐渐采用更具有创新性、更富有竞争力的商业模式。与传统金融机构相比，金融科技公司尚处在初始发展阶段，特别是随着营销技术、获客技术的快速发展，其业务范围和规模将是有限的。然而，强大的远程信息处理能力使获取客户变得更为便利，促进金融科技迅速发展。国际数据显示，近年来，金融科技公司数量持续增加，增长趋势显著，而且大多数活跃的金融科技公司已经度过初创阶段，其业务规模和市场价值的增长充分证明了这些公司的资源整合与业务发展能力。② 近期，随着业务规模的增长和运营模式的演变，欧洲一些金融科技公司已经开始在证券交易所上市。③ 此外，还

---

① 创新随着时间的推移而演变。例如，众筹模式已越来越多地应用于房地产行业，所筹资金用于购买房产（购买新房或翻新旧房）并出售，从而获利。但是，房地产市场的特殊性也要求客户必须考虑金融科技应用可能带来的市场不透明性、流动性有限等风险。

② 普华永道（2017）估计，全球有18400多家金融科技公司，其中只有4000家是在2012年之后成立的。仅在支付领域就有1500多家公司，其中有369家是在近五年内成立的。这些公司中的大多数已不再处于初创阶段，有些公司规模已经非常庞大，并在多个国家开展业务。就这些公司的市场价值而言，其移动钱包部门的投资价值已经达到24亿美元，移动POS机的投资价值已经达到22亿美元。仅在中国，就有940家金融科技公司，其中从事贷款业务的金融科技公司吸引了78亿美元的投资，保险科技和金融科技信贷公司各占12亿美元。普华永道2019年的报告显示，全球最重要的10家金融科技公司中就有4家是中国公司，前100强中有近一半是在新兴国家成立和展业的。例如，金融科技行业在印度发展迅猛，公司数量已达1650家。与美国和亚洲相比，欧洲金融科技行业虽然相对落后，但其在吸引风投资金等方面正呈现显著的增长。2019年第一季度数据显示，欧洲已获得全球15%与金融科技相关的风投资金（普华永道，2019）。

③ 从欧洲范围来看，2018年9月底在伦敦证券交易所上市的Funding Circle就是一个典型案例。作为P2P借贷平台，Funding Circle成立于2010年，并受英国金融行为监管局的监管，在信贷经纪、债务管理、债务催收和与借贷相关的互联网业务领域提供服务，使投资者（银行、资产管理公司、保险公司、国资实体和基金）能够为英国、美国、德国和荷兰的中小企业提供资金支持。自2010年成立以来，归功于85000多名散户和机构投资者，Funding Circle总共向大约60000家小企业发放了78亿英镑的贷款。即使在意大利这个金融科技发展较为有限的市场，也出现了金融科技公司上市的案例。例如，股权众筹平台CrowdFundMe（CFM）是意大利第一家上市的金融科技公司，它于2018年11月至2019年3月在另类投资市场（Alternative Investment Market，AIM）启动了首次公开募股（Initial Public Offering，IPO）路演。

有一些欧洲金融科技公司正通过并购的方式实现业务规模增长目标。①

在零售领域，中小企业、个人借款人（零售投资者）资金需求很难得到满足，且其获得信贷服务的流程也很复杂，故而传统金融机构未能充分回应这部分群体的消费信贷、银行交易等金融需求。然而，金融科技公司业务主要瞄准中小企业、个人借款人（零售投资者）这一细分市场，且在这一细分市场不断深耕和渗透。鉴于此，虽然金融科技借贷平台平均交易额较低（且全球交易量一直呈下降趋势），但其确实满足了越来越多客户群体的资金需求，完成了越来越多的金融交易。②

根据多个案例（全球层面、欧洲层面）可以看出主要金融科技公司的业务战略发生了显著变化。首先，金融科技公司通过拆分并重组金融服务实现了业务的多样性。以电子存钱罐服务商 Oval Money 为例，虽然其他金融科技公司也提供此项服务，但 Oval Money 却将投资服务与电子储蓄业务组合起来。其次，金融科技公司与数字网络合作开发物联网，或收购其他领域金融科技公司以组建集团公司。意大利

---

① 如奥地利 P2P 贷款平台 Finnest 与芬兰众筹平台 Invesdor 合并后，基于分布在多个国家（奥地利、德国、瑞士和整个北欧）的广泛投资者，创建了一个在国际层面运营的平台（Reuters，2019）。

② 欧洲统计数据显示，金融科技平台总计向公司和个人提供了 10 亿笔贷款，贷款总金额达到 77.8 亿欧元（www.statista.com）。预计到 2023 年，贷款总额年均增长率将达到 4.7%，其中，商业贷款约占 52 亿欧元。通过金融科技平台向公司提供的平均贷款额度约为 75000 欧元，而向个人提供的平均贷款额度约为 2000 欧元。虽然意大利金融科技市场尚未完全成熟，但其发展与上述趋势相似。特别是就金融科技活动而言，2016—2017 年，金融科技公司营业额增长了 30%，达到 1.185 亿欧元（普华永道，2019），其中，支付行业营业额占比 56%，借贷和众筹行业总营业额约为 1900 万欧元（占比 16%）。此外，有关借贷众筹的统计数据显示，2014—2018 年，每位投资者的平均投资额为 3800 欧元，最大值约为 9800 欧元（2014 年），最小值为 3600 欧元（2018 年上半年）。投资者数量也从 2014 年的 134 人增加到 2018 年的 8300 人左右。在股权众筹方面，从 2016 年到 2018 年第一季度，发行公司数量和年交易量显著增加，同时平均交易额从 5800 欧元降至 3200 欧元，反映出散户投资者显著增加（www.crowdfundingbuzz.it）。

贷款平台 Borsa del Credito① 就是一个典型案例，它是 Business Innovation Lab S. p. a 控股集团公司的一部分（其他受到金融监管的子公司包括 Mo. Net S. p. a 和 ART SGR S. p. A）。② 2018 年 6 月，Borsa del Credito 宣布在意大利各地建立密集的线下网点，并与意大利传统金融机构开展新的合作。2018 年 7 月，该平台与股权众筹平台 Mamacrowd 签署了合作协议，利用金融科技供应链为中小企业提供多样化服务。2019 年 3 月，该平台针对在亚马逊网站运营至少三个月的意大利卖家，推出了一项专门的贷款服务。

金融科技公司正主导着越来越多的战略合作，不仅与不同业务领域的金融科技公司开展合作，还与其他金融市场主体开展合作（如金融信息公司、政府设立的信用担保基金、信用互助担保基金等）。这使金融科技公司能够通过整合业务为客户提供日益复杂和更高质量的金融服务。以 Workinvoice③ 为例，2018 年 9 月，该公司与 CRIBIS（CRIF 集团下专门从事商业信息管理的公司）签署了合作协议，基于 CRIBIS 收集的商业信用信息（包含 5.3 亿个数据点，可以用于优化投资者分析模型），利用 Workinvoice 的经营许可为 CRIBIS 开发现金服务。另一个有趣的例子是 October（以前叫 Lendix），这是一家在法国、西班牙、意大利、比利时等多个欧洲国家运营的法国贷款公司。2018 年 10 月，该公司与企业签订了超过 23 万份贷款合同，提供了约 1130

---

① 由于个人投资者和机构投资者的参与，Borsa del Credito 平台在短短两年多的时间里，已经为 450 家中小企业提供了 3200 多万欧元的贷款。
② Mo. Net S. p. a 是为分期贷款提供 P2P 服务的支付机构。ART SGR S. p. A 被授权专门为专业投资者管理另类投资基金，其资金主要来源是 Borsa del Credito 平台提供的贷款。
③ Workinvoice 只在意大利开展业务。2015—2018 年，基于私人投资者和机构投资者，Workinvoice 商业订单高达 1.43 亿欧元。其中，机构投资者 Factor@ Work 通过合作伙伴网络平台购买贷款并将其证券化，进而将由此衍生的证券出售给专业投资者。

万欧元的贷款（自成立以来，该公司累计提供贷款2.3亿欧元），这些贷款资金来自15000多位个人贷款人和机构投资者。2018年4月，October成为意大利首家允许贷款人使用担保基金服务（该基金由意大利经济发展部设立）的中小企业贷款平台。2018年5月，该公司与一家信用互助担保财团（Confidi Systema）签署了合作协议，吸引了一些重要的客户。

为了更好地为客户提供金融服务，金融科技公司还与传统金融机构开展战略合作。这种合作关系使金融科技公司能够更为有效地满足中小企业的资金需求，从而填补银行（尤其是大型银行）在中小企业这一细分市场的"空白"，这在许多欧洲国家都具有重要意义。例如，机构投资者（投资基金、另类投资基金等）在众筹平台上的联合可以通过以下两方面发挥积极作用：一是向散户投资者发出引导信号；二是增加向基金借款人提供的金融资源量。但是，随着金融科技公司与传统金融机构之间合作的逐步深化，也有可能出现一些值得注意的潜在风险，如合作开展证券化业务①可能把与共同融资客户相关的信用风险转移到金融市场中去。

收购传统金融机构的股份是金融科技公司的一项重要战略，其目的是实现在监管框架内开展业务或在国际范围内进行业务拓展。前文提到的Borsa del Credito公司正是通过收购传统金融机构的股份，从而能够在监管框架内提供金融服务。Moneyfarm（目前是储蓄行业的主要数字运营商）则是通过收购传统金融机构的股份，拓展国际业务。

---

① 金融科技公司提供的信贷证券化业务在世界范围内已经很普遍，在意大利也越来越普遍。最近的一个例子是P2P平台（Prestiamoci）和小型银行（Banca Valsabbina）合作完成的消费信贷证券化操作。详见Allegreni（2018）的相关研究成果。

Moneyfarm 于 2012 年在意大利成立，该公司通过收购德国数字资产管理先驱、德国主要智能投顾运营商之一的 Vaamo，从而进入了英国市场（2015 年）和德国市场（2018 年）。①

参考文献

[1] Allegreni, F. (2018, October 31). *Peer to peer lending: Prestiamoci dà il via alla prima cartolarizzazione di credi, ti personali [Peer to peer lending: Prestiamoci starts the first securitization of personal loans]*. Retrieved March 27, 2019, from www.crowdfundingbuzz.it.

[2] Arner, D. W., Barberis, J., & Buckley, R. P. (2016). The evolution of FinTech: New post – crisis paradigm. *Georgetown Journal of International Law*, 47 (4), 1271 – 1320.

[3] ASIC (Australian Securities and Investment Commission). (2017). *Survey of marketplace lending providers*. Report 256.

[4] BaFin (Bundesanstalt für Finanzdienstleistungsaufsicht). (2018, July). *Big data meets artificial intelligence. Challenges and implications for the supervision and regulation of financial services.*

[5] Baker, H. K., Filbeck, G., & Ricciardi, V. (Eds.). (2017). *Financial behavior: Players, services, products, and markets*. New York, NY: Oxford University Press.

---

① 据 Moneyfarm 披露，Vaamo 利用其与 N26 和 1822direkt（德国主要投资银行之一的线上子公司）的合作经验，进一步拓展个人客户服务范围，并向欧洲重要的金融机构提供数字解决方案。Moneyfarm 在意大利受意大利金融市场管理局监管，在英国受英国金融行为监管局监管，在德国受德国联邦金融监管局监管。Moneyfarm 吸引了许多机构投资者，其主要合作伙伴有安联资产管理公司（Allianz）、卡博特广场资本投资基金（Cabot Square Capital investment fund）、联合投资（United Ventures）、奋进基金（Endeavor）和萨尔德尼亚基金会（Fondazione di Sardegna）等。

[6] Banca d'Italia. (2017, December). *FinTech in Italy. Fact-finding inquiry on the impact of financial technology on the financial, banking and insurance sectors.* Retrieved March 27, 2019, from (https://www.bancaditalia.it/compiti/vigilanza/analisi-sistema/stat-banche-intermediari/Fintech_in_Italia_2017.pdf.

[7] Barba Navaretti, G., Calzolari, G., & Pozzolo, A. F. (2017). FinTech and banks: Friends or foes? *European Economy*, 2, 9–31.

[8] Barbagallo, C. (2018, November 12). *Il sistema bancario italiano: situazione eprospettive [Italy's banking system: The current situation and the outlook].* Speech by the Director General for Financial Supervision and Regulation at the ASSBB, Varignana (Bologna-Italy).

[9] BIS-FSB. (2017, May 22). *FinTech credit. Market structure, business models and financial stability implications.* Report prepared by a Working Group established by the Committee on the Global Financial System (CGFS—Bank of International Settlement) and the Financial Stability Board.

[10] Bofondi, M. (2017). *Lending-based crowdfunding: Opportunities and risks.* Banca d'Italia Occasional Papers—Questioni di Economia e Finanza, n. 375/2017.

[11] Capgemini-EFMA. (2017). *World FinTech report* 2017. Retrieved March 27, 2019, from www.worldfintechreport2017.com.

[12] CB Insights. (2017). *Big Tech in AI: What Amazon, Apple, Google, GE, and others are working on.*

[13] CGFS and FSB. (2017, May 22). *FinTech credit: Market struc-

ture, *business models and financial stability implications*. Committee on the Global Financial System (CGFS) and Financial Stability Board (FSB).

[14] Claessens, S., Frost, J., Turner, G., & Zhu, F. (2018, September). Fintech credit markets around the world: Size, drivers and policy issues. BIS *Quarterly Review.*

[15] Consob – OCF – Università Roma Tre – GFK. (2017). *La relazione consulente – cliente*, Addendum al Rapporto Consob sulle scelte finanziarie delle famiglie italiane [The consultant – client relationship, Addendum to the Consob Report on the financial choices of Italian families].

[16] Di Mascio, A. (2018). *Wealth management e Fintech. Le nuove sfide tra Private Banker e Robo Advisor* [Wealth Management and Fintech. The new challenges between Private Banker and Robo Advisor]. Milan: Egea.

[17] EBA. (2017, August 4). *Discussion paper on the EBA's approach to financial technology (FinTech)*. EBA/DP/2017/02.

[18] EBA. (2018, July 3). *EBA report on the impact of Fintech on incumbent credit institutions' business models.*

[19] ECB. (2018, June). *Survey on the access to finance of enterprises in the euro area.*

[20] EIOPA. (2017). *EIOPA InsurTech Roundtable. How technology and data are reshaping the insurance landscape.*

[21] ESAs. (2018, September 5). *Joint Committee report on the results of the monitoring exercise on 'automation in financial advice'*. JC 2018/29.

[22] European Commission. (2018, March 8). *Proposal for a regula-*

tion of the European Parliament and of the council on European Crowdfunding Service Providers (ECSP) for business. COM (2018) 113 final, 2018/0048 (COD), Brussels.

[23] Federal Reserve Banks. (2017). *Small business credit survey. Report on employer firms.*

[24] Financial Times. (2018, October 22). *UK peer-to-peer lender asks regulator for help.*

[25] Finextra. (2019, March 26). *Satispay passports out of London with Luxembourg licence.* Retrieved April 1, 2019, from https://www.finextra.com/pressarticle/77790/satispay-passports-out-of-london-with-luexembourglicence/retail.

[26] Forbes. (2019, February 5). *A major bitcoin exchange has a serious problem.* Retrieved from bit.ly/2TwL4x1.

[27] FSB. (2017a, June 27). *Financial stability implications from FinTech, supervisory and regulatory issues that merit authorities' attention.*

[28] FSB. (2017b, May 10). *Global shadow banking monitoring report* 2016. Financial Stability Board.

[29] FSB. (2018, March 5). *Global shadow banking monitoring report* 2017. Financial Stability Board.

[30] Fujitsu. (2018). Digitalization is not a "threat" but an "opportunity" — The future of financial services delivered by FinTech. *Fujitsu Journal.* Retrieved from https://journal.jp.fujitsu.com/en/2018/07.

[31] Gobbi, G. (2016). *The troubled life of the banking industry*, European Association of University Teachers of Banking and Finance. Wolp-

ertinger conference 2016, Verona. Retrieved March 27, 2019, from https://www.bancaditalia.it/pubblicazioni/interventi-vari/int-var-2016/Gobbi_02092016.pdf.

[32] Hau, H., Huang, Y., Shan, H., & Sheng, Z. (2017). *Tech-Fin in China: Credit market completion and its growth effect*. BFER 6th annual conference, Singapore.

[33] Jakšič, M., & Marinc, M. (2015). *The future of banking: The role of information technology*. Bancni Vestnik, 64 (11): 68-73.

[34] Kirby, E., & Worner, S. (2014). *Crowd-funding: An infant industry growing fast*. Staff working paper of the IOSCO Research Department, SWP3/2014.

[35] Liberti, J. M., & Petersen, M. A. (2018, August). *Information: Hard and soft*. WP. https://www.kellogg.northwestern.edu/faculty/petersen/htm/papers/hard%20and%20soft%20information.pdf.

[36] Nakaso, H. (2017, November 1). *Big data—Its impacts on economies, finance and central banking*. Remarks at the Fourth FinTech Forum of Deputy Governor of the Bank of Japan.

[37] OECD. (2018). *Financial markets, insurance and pensions, digitalization and finance*. Retrieved March 27, 2019, from http://www.oecd.org/finance/privatepensions/Financial-markets-insurance-pensions-digitalisation-and-finance.pdf.

[38] OICV-IOSCO. (2017, February). *IOSCO research report on financial technologies (Fintech)*.

[39] Pia, P. (2017). *La consulenza finanziaria automatizzata [Auto-*

mated financial advice], Franco Angeli, Milano.

[40] PWC. (2017). *The state of FinTech.* Retrieved from https://www.pwc.com/sg/en/publications/assets/fintech-startupbootcamp-state-of-fintech-2017.pdf.

[41] PWC. (2018). *Le aziende del Fintech in Italia nel* 2017 [Fintech companies in Italy in 2017]. Retrieved March 27, 2019, from https://www.pwc.com/it/it/industries/fintech/docs/2017-fintech-report.pdf.

[42] PWC. (2019). *Piccole FinTech crescono con "intelligenza"* [Small FinTechs grow with "intelligence"]. Retrieved March 28, 2019, from https://www.pwc.com/it/it/publications/assets/docs/PwC-FinTech.pdf.

[43] Reuters. (2019, March 19). *Finnish crowdfunding firm investor buys Austrian peer, seeks M&A.* Retrieve April 1, 2019, from https://www.reuters.com/article/us-invesdor-growth/finnish-crowdfunding-firm-invesdor-buys-austrian-peerseeks-ma-idUSKCN1R02SC.

[44] Rooney, K. (2018, November 16). PayPal and Square quietly grow small business lending using data as their edge over banks. *CNBC.* Retrieved March 28, 2019, from https://www.cnbc.com.

[45] Schena, C., Tanda, A., Arlotta, C., & Potenza, G. (2018, March). *The development of FinTech. Opportunities and risks for the financial industry in the digital era.* Consob—FinTech papers, no. 1. Retrieved March 28, 2019, from http://www.consob.it/web/area-pubblica/ft1.

[46] Scopsi, M. (2018). *The expansion of big data companies in the*

financial services industry, and EU regulation. IAI papers 19/06.

［47］Sperimborgo, S. (2016). *Banche e innovazione tecnologica. Come avere successonella tempesta perfetta della rivoluzione digitale* [*Banks and technological innovation. How to succeed in the perfect storm of the digital revolution*]. Bancaria, No. 12.

［48］Viacom. (2013). *The millennial disruption index.* Retrieved March 28, 2019, from https：//www.bbva.com/wp－content/uploads/2015/08/millenials.pdf.

［49］World Bank Group and the People's Bank of China. (2018). *Toward universal financial inclusion in China：Models, challenges, and global lessons.* Retrieved March 28, 2019, from https：//responsiblefinanceforum.org/wp－content/uploads/2018/04/FinancialInclusionChinaP158554.pdf.

［50］Worthington, S., & Welch, P. (2010). Banking without the banks. *International Journal of Bank Marketing*, 29 (2), 190－201. Retrieved March 28, 2019, from https：//doi.org/10.1108/02652321111107657.

［51］Zetzsche, D. A., Buckley, R. P., Arner, D. W., & Barberis, J. N. (2017). *From FinTech to TechFin：The regulatory challenges of data－driven finance.* EBI working paper series, No. 6.

第三章　大型科技公司的战略演变：令人担忧的竞争

摘　要： 大型科技公司利用在核心业务中获得的数据提供金融服务，主要包括支付服务、贷款和财富管理，并通过支持核心业务发展或提供多样化服务两条路径来拓展金融服务。尤其是美国和中国的大型科技公司，它们在金融市场上提供的产品数量越来越多，服务范围越来越广。在金融监管框架下，大型科技公司通过创建专门的金融中介机构，从整体层面响应客户的金融需求。

关键词： 大型科技公司；大数据；金融集团；金融服务

大型科技公司的竞争潜力

前两章的分析证明了金融科技公司对传统金融体系造成的竞争威胁是确实存在的，而且无处不在，这对于大型科技公司来说更是如此。随着大型科技公司规模的增长和知名度的提升，它们将拥有一个庞大的数据库，并将得到客户的一致信任（FSB，2019）。

科技公司（尤其是大型科技公司）拥有足够的资金支持其扩大服

第三章 大型科技公司的战略演变：令人担忧的竞争

务范围。① 因此，大型科技公司可以在无须考虑特定资产负债表约束的情况下，制定金融部门发展战略。与大多数银行和金融中介机构相比，大型科技公司在技术创新发展领域的投资意愿更为强烈。长期以来，大型科技公司拥有更先进的技术②，并持续投资于技术创新研究。与大型科技公司的竞争力相比，传统金融机构在技术投资、吸引人才等领域的能力不足，在促进金融业务发展、提升金融服务效率等领域面临诸多限制因素，这些都成为制约其发展的瓶颈。此外，与大型科技公司的竞争可能会降低传统金融机构的利润率并削弱其交叉补贴产品的能力（FSB，2019）。

虽然只有部分大型科技公司实现了国际化经营，其他公司主要在国内市场（美国、英国、欧盟和中国等）或邻国经营，但可以推测，随着时间的推移，这些公司为了扩大客户规模、"跟踪"长期客户的金融需求，可能会进一步向海外市场拓展，从而扩大其业务范围。众所周知，客户体验是数字战略中的一个关键要素，即客户对产品、业务及配套服务的总体体验。因此，大型科技公司不仅关注平台客户的"购物"体验，更注重客户关怀和支持以及品牌互动关系的建立。换言之，公司内部必须有专人（对接人员）来回应和满足客户的所有需求，对接人员必须熟知如何能够让客户更快捷、更简易地获得服务，甚至可以预判客户的需求并主动响应。事实上，大型科技公司的成功要部分归功于传统金融机构无法快速响应客户的新需求及其新一代技

---

① 例如，如果蚂蚁金融在证券交易所上市，它将成为全球市值排名前十的银行之一，阿里巴巴集团的资本化优于主要的国际银行集团（如摩根大通、中国工商银行、美国银行和富国银行等）（Carstens，2018）。
② 人工智能就是一个明显的例子，该领域主要的大型科技公司都在世界范围内处于领先地位。

术服务能力不足等因素（Carstens，2018）。需要注意的是，虽然金融科技公司的客户主要是零售客户，但大型科技公司的核心业务决定了其客户也必然包括与其合作或在其平台上提供产品和服务的公司。

鉴于此，大型科技公司首先立足于其擅长的专业领域（如电子商务、计算机和手机、搜索引擎、社交媒体、互联网服务和数字游戏等），但随着时间的推移，会在金融服务等领域实现多元化经营。

大型科技公司的金融服务发展战略

深入分析大型科技公司如何进入金融领域并提供服务，是研究大型科技公司金融服务发展战略的基础。表 3.1 列举了六个在金融领域最活跃的大型科技公司，即美国的谷歌、苹果、脸书和亚马逊以及中国的腾讯和阿里巴巴（上述公司的公开可比信息较容易获取）。

从表 3.1 中可以看出，大型科技公司金融服务战略具有以下主要特征：

第一，在大型科技公司的金融服务领域中，从业务种类来看，支付服务是最主要的业务。对于大型科技公司和科技金融公司而言，信贷服务也是特别重要的业务。国际清算银行研究表明，在巴西和阿根廷等国家，科技金融公司提供的信贷总额规模很大，甚至超过了金融科技公司（Carstens，2018；Frost 等，2019）。

第二，大型科技公司可以在不同地域和国家提供个人金融服务，但这些服务可能与其在最初展业地域提供的金融服务有所差异。这可能是一种精准的运营策略（仅向某些市场提供金融服务），也可能是一项尚未完成的战略部署，旨在逐步将金融服务扩展到大型科技公司能够开展业务的所有区域。在第二种情况下，按照前文提到的"跟

第三章 大型科技公司的战略演变：令人担忧的竞争

表 3.1 大型科技公司的金融业务发展战略

	科技公司名称	成立时间	母公司注册地	核心业务	初始的金融战略	提供的主要金融服务	渠道、合作伙伴、公司性质、监管机构等	业务地区
支持核心业务——支付服务	苹果	1977年	美国	互联网服务和手机	通过子公司、控股公司、合作伙伴来提供金融服务	支付和转账：苹果支付/转账（Apple Pay Cash）苹果信用卡（Apple Card）	利用全球各地合作伙伴的支付渠道和银行合作伙伴关系；Apple Payments 是美国授权的转账业务公司	美国和另外28个国家
	脸书	2004年	美国	社交	通过子公司、控股公司、合作伙伴来提供金融服务	支付和转账：脸书支付（Facebook Payments）	美国各州授权的转账业务公司	美国
							脸书支付（Facebook Payments）国际有限公司是爱尔兰中央银行监管的电子货币机构	欧洲
	谷歌	1998年	美国	搜索引擎和互联网服务	通过子公司、控股公司、合作伙伴来提供金融服务	支付和转账：谷歌支付（Google Pay）	美国各州授权的转账业务公司；个人信用卡领域与 Nexi 合作；子公司谷歌支付（Google Payments）是欧洲授权的电子货币机构	支付：在70个国家用于网上购物；在20个国家用于实体店购物转账：6个国家

41

续表

金融业务	科技公司名称	成立时间	母公司注册地	核心业务	初始的金融战略	提供的主要金融服务	渠道、合作伙伴、公司性质、监管机构等	业务地区
支持核心业务——支付服务	亚马逊	1994年	美国	电子商务	通过子公司、控股公司、合作伙伴来提供金融服务	支付业务：亚马逊支付（Amazon Pay）亚马逊现金（Amazon Cash）贷款服务：亚马逊贷款（Amazon Credit）	亚马逊支付（Amazon Pay）是美国授权的转账业务机构；子公司亚马逊支付（Amazon Payment，欧洲）是卢森堡授权的支付机构，由金融监管委员会监管 亚马逊银行（Synchrony Bank）合作提供信贷服务	超过170个国家使用支付服务；亚马逊现金（Amazon Cash）仅在美国使用 美国、日本和英国
通过金融服务使业务多样化	腾讯	1998年	中国	网络服务、游戏和软件	通过专门设立的子公司提供金融服务	支付服务：财付通、微信支付、QQ钱包银行服务：微众银行	微众银行：持有银行牌照的网络银行	中国（及海外中国客户）
	阿里巴巴	1999年	中国	电子商务	通过专门设立的子公司提供金融服务	支付服务、小微企业贷款、消费信贷，蚂蚁金服银行服务：网商银行	网商银行：持有银行牌照的网络银行	中国（及海外中国客户）

资料来源：作者根据上述公司及其子公司网站信息整理。

第三章 大型科技公司的战略演变：令人担忧的竞争

踪"客户需求的逻辑，我们可以预期大型科技公司的金融服务范围将进一步拓展，可能会逐步覆盖其客户所在的所有市场。另外，还有一个因素需要注意，在大型科技公司发展其核心业务的国家，金融活动可能或多或少受到或繁或简的金融监管，这必然会对其展业区域的选择产生影响。

第三，从战略层面来看，在大多数情况下，提供金融服务明显是大型科技公司内部发展的结果。大型科技公司的金融产品与服务主要由其子公司和伙伴公司来提供和分销（如表3.1所示）。在对大型科技公司提供的金融业务有监管要求的地区和国家，这些公司往往通过获得金融监管机构授权的方式来开展业务。在许多情况下，这些公司也会基于伙伴关系协议来提供金融服务。

整体而言，我们总结了两种适用于大型科技公司金融部门发展战略的方法：第一种是通过强化公司核心业务来提供金融服务；第二种是通过创建复杂且结构多样的企业集团以实现业务的多元化。

强化核心业务战略

迄今为止，美国的苹果、脸书、谷歌和亚马逊四家大型科技公司均采取的是这种战略（如表3.1所示）。

为了在国内市场运营，苹果、脸书和谷歌开发内部支付工具，并取得转账或支付许可证。2019年3月，苹果宣布与高盛合作启动信用卡服务。Apple Card 是一种虚拟信用卡，可在 Apple Pay 应用程序中使用，并集成到 Apple Wallet 中。早在2016年，脸书就通过一家子公司[①]申请了在欧洲开展业务的许可证。谷歌则向立陶宛金融监管机构

[①] 该子公司在爱尔兰获得提供电子货币服务的授权。

为其子公司谷歌支付（Google Payments）申请了业务许可证（Seputyte and Kahn，2018），以便在欧洲提供金融服务。此外，在国外市场上，苹果和谷歌还通过与银行、消费信贷机构、支付机构合作的方式提供支付服务。亚马逊首先通过开发支付系统，让消费者能够在其网站上享受快捷、便利的购物支付体验，随后为消费者和在亚马逊网站销售产品的小微企业提供借贷服务。小微企业可以通过电子商务平台进入国际市场，这对增加其销量起到了极大的推动作用。早在2016年，亚马逊就已经拥有来自170个国家的3300万支付客户。同时，亚马逊已经在美国、日本和英国等国家提供借贷服务，并通过其电子商务平台与美国美林银行（Bank of America Merrill Lynch）开展合作①，已经提供了约30亿美元的贷款。

基于上述讨论，可以发现提供金融服务对强化大型科技公司的核心业务发展非常有益。事实上，对于任何一家商品和服务领域的电子商务公司而言，为客户提供支付工具和小额贷款，不仅可以增加销售量，还可以拓展客户数量和类型。值得注意的是，金融服务的细分使大型科技公司能够在尚未取得银行业务许可证的情况下制定并施行该战略，并且相关金融业务可能未受到金融监管。当然，大型科技公司提供的金融服务是否受金融监管，最终取决于其业务所在地区和国家的法律框架是否对其提供金融服务的行为提出具体的金融监管要求。

同时，客户认为大型科技公司能够满足其包含财务需求在内的多种需求。从这个意义上讲，亚马逊提供的金融、保险和养老金等综合性服务（如图3.1所示）具有典型性，但这是一个复杂的银行集团业

---

① 据新闻报道称，与美林银行的合作可能会为向不属于亚马逊市场的业务提供资金。亚马逊还与摩根大通联系，评估向其客户提供活期账户的可能（Financial Times，2018）。

第三章　大型科技公司的战略演变：令人担忧的竞争

务结构，而不是大型科技公司通常采用的解决方案。

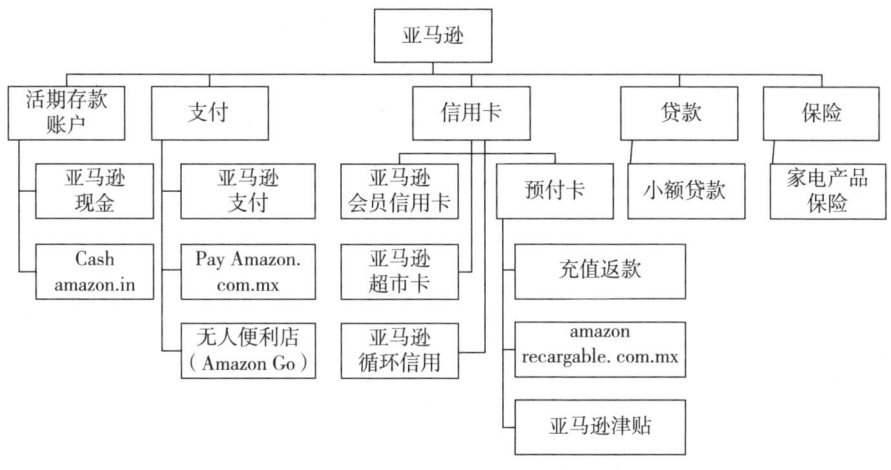

图 3.1　亚马逊提供的金融产品和服务

［资料来源：作者根据 CB Insights（2018a）的内容整理］

事实上，亚马逊在其主要市场（美国和印度）通过合作伙伴来提供金融服务，而不是通过收购其他公司来发展其金融业务。"很难断言亚马逊是否正在建设'新一代'银行。但很明显，该公司非常专注于通过提供金融产品与服务以支持其核心战略目标——提高客户对亚马逊生态系统的参与度。"（CB Insights，2018）

业务多元化战略

在某些情况下，大型科技公司认为业务多元化是更为合适的战略，选择在其产业集团内成立一家银行或一个金融集团。中国的腾讯和阿里巴巴就是这样的例子，它们现在已经是中国顶尖的金融集团，金融业务规模较大（如表 3.1 所示）。

腾讯主要从事娱乐服务、大众传媒、互联网和通信等业务。除了多年前开发了支付应用程序外,腾讯于 2015 年成立了微众银行(WeBank),这是中国首批取得银行牌照的互联网银行之一(Financial Times, 2015)。① 微众银行这个名称与腾讯著名的通讯应用程序微信(WeChat)相呼应。微众银行主要提供其他金融机构的产品和服务,并在其微粒贷平台上发放自己的小额消费贷款(Citigroup, 2018)。微众银行与中国的银行、保险公司和资产管理公司等金融机构建立了合作伙伴关系,从而使微众银行能够将其合作银行的金融产品和服务销售给自己的客户。腾讯在金融科技领域的利润来源多样化,包括支付服务、数字钱包和消费信贷等(如表 3.2 所示)。此外,腾讯还管理着一个名为理财通的资产管理平台。早在 2018 年 1 月,该平台管理的资产价值估计就约为 3000 亿元(474 亿美元)(Xiao, 2018)。2017 年 10 月,腾讯获得了保险销售牌照,并以此建立了一系列新的合作伙伴关系(腾讯, 2018)。

表 3.2 腾讯提供的主要金融科技产品及服务

服务和产品	产品描述	成立时间	收费	用户基础
财付通	支付解决方案,中国第二大在线支付平台	2005 年	—	—
微信支付	支付解决方案,基于银行卡的快速支付,在手机上实现快速支付交易	2013 年	免费;提款费(人民币 1 元/千元);佣金(0.6%~2%)	每月活跃用户账户:超过 8 亿的移动支付(包括微信支付和QQ钱包)
QQ 钱包	移动支付产品,包括银行卡支付、二维码支付和 NFC 支付等多种支付方式	—	免费;佣金(0.6%~2%)	

---

① 如微众银行网站所示,该银行自 2014 年 12 月起以深圳前海微众银行股份有限公司的名义取得银行牌照。

第三章 大型科技公司的战略演变：令人担忧的竞争

续表

服务和产品	产品描述	成立时间	收费	用户基础
理财通	财富管理平台，可通过微信钱包访问	2014年	佣金	未披露
微粒贷（附属于微众银行）	无担保消费贷款业务	2015年	利率（年利率18%）	未披露
微保（子公司）	专有保险平台	2017年	免费；佣金	未披露

资料来源：Re-elaboration from Tencent, Investor Kit, Product List (without data); http://www.tencent.com/en-us/investor.html#info_performance; https://www.tencent.com/en-us/system.html and Tencent (2018)。

2004年，阿里巴巴这家大型科技公司基于支付宝制定了金融业务发展战略。支付宝是一家专注于支付的金融科技公司[①]，它最初通过与银行合作来提供服务。2011年，支付宝获得了中国人民银行发放的支付牌照，并于2012年成为中国证券监督管理委员会许可的基金交易第三方支付平台。2013年，支付宝与中国天鸿资产管理公司建立了合作伙伴关系，使其客户能够投资于余额宝投资基金，使小额储户能够从储蓄中获利。该基金最初的服务对象是支付宝的客户，客户可以在支付宝应用程序的付款中预留剩余资金。通过这种方式，客户可以用智能手机以非常简单的方式访问货币基金。余额宝的成功有一个重要的标志（UBS，2018）——2018年9月，余额宝基金管理的资产价值

---

① 详见网站 https://www.antfin.com/history.htm。

达 2000 亿美元，成为全球最大的货币基金①，回报率高于年度存款利率（Carstens，2018）。

2014 年，阿里巴巴成立了蚂蚁金融服务集团（Ant Financial Services Group，以下简称蚂蚁金服），其前身是支付宝，领导阿里巴巴集团旗下所有的金融控股子公司。通过这些控股子公司，蚂蚁金服于 2014 年成立了浙江网商银行（MYbank），该银行获得了银行牌照并专门从事在线金融业务。蚂蚁金服在中国市场提供贷款、现金管理和保险服务，并为世界各地的中国客户提供支付服务。蚂蚁金服通过高效的工具和程序可以快速、有效地响应客户需求。例如，有借贷需求的客户在线填写一份申请表（大约花费三分钟时间），而程序能在一秒钟之内对是否贷款作出回应（蚂蚁金服，2018a）。蚂蚁金融 2018 年向投资者提供的数据显示，一年内使用其至少两项金融服务的用户数量从 2017 年的 4.3 亿增加至 2018 年 8 月的 6.4 亿，其贷款、现金管理和保险服务已经被大量小微企业使用。

2018 年 5 月，蚂蚁金融在其金融服务体系中纳入了另外两支由合作伙伴管理的基金（博时资产管理有限公司和中欧资产管理有限公司），所有阿里巴巴集团的客户都可以投资这些基金（蚂蚁金服，2018b）。由此可以看出，虽然阿里巴巴集团与传统金融机构在金融业务领域展开竞争，但也成功地与部分重要金融机构建立了合作伙伴关

---

① 这只由蚂蚁金服提供的投资基金以及腾讯子公司提供的基金，令中国金融监管机构感到担忧。金融监管机构认为，这些基金使用的一些营销技巧对投资者而言是不道德的，它们成功地让投资者将其视为流动存款的替代工具，但没有让投资者充分地了解投资这些基金的相关风险。中国证券监督管理委员会称，投资者对风险的错误认识可能会导致流动性危机，当储户决定将其资金从银行存款转移到这些货币基金时，会对整个中国金融体系的稳定产生影响。因此，中国金融监管当局认为有必要规定货币资金的年度赎回额度，以限制银行账户的现金流，并使这两种金融工具在流动性、可用性方面的差异更加明显（Carstens，2018；Reuters，2018；UBS，2018）。

第三章 大型科技公司的战略演变：令人担忧的竞争

系，也正在向一些金融机构提供技术服务。2018年，蚂蚁金服成立了一家名为蚂蚁金融科技（Ant Financial Technology）的科技公司，专注于为整个阿里巴巴集团的客户提供金融服务技术解决方案。蚂蚁金融科技的产品非常成功，一经推出就被100多家银行、60多家保险公司和40多家财富管理和经纪公司购买（蚂蚁金服，2018c）。

发展和竞争：前景比较

总体来说，上述内容梳理了金融业务的发展和大型科技公司提供金融服务的创新做法。大型科技公司往往将金融产品和服务视为"商品"，并通过专门的数字化和自动化解决方案向客户提供。同时，大型科技公司战略选择的主要目标是创建综合性服务平台，并将自己打造成为满足客户多样化需求的唯一参考。[1] 鉴于大型科技公司拥有的重要技术和资金资源，以及它们对日益庞大的客户群体的广泛金融需求作出响应的能力，实现上述战略目标似乎是可信的。这使大型科技公司从一开始就可以在金融市场上与传统大型金融机构并驾齐驱。

需要强调的是，虽然设立银行需要获得金融监管机构的许可证[2]，但如果大型科技公司认为申请许可证不合适或不值得，那么，还可以通过其银行业务部门来为客户提供多种金融服务，从而与受监管的金

---

[1] 德国联邦监管机构发布了一项关于大数据和人工智能交互对金融服务产生影响的研究，认为这些信息精化系统（Big Data and Artificial Intelligence，BDAI）的组合构成了金融系统的强大创新动力，但可能导致大型科技公司形成垄断。此外，金融活动标准化可能会进一步扩大对信息提供商的依赖（BaFin，2018）。

[2] 2018年，欧洲央行更新了《银行服务许可证发放指南》（ECB，2018a），并专门起草了一份适用于金融科技公司发放贷款的文件（ECB，2018b）。欧洲央行在指南中明确规定金融科技银行应遵守与其他传统银行相同的规定，也对金融科技公司发放贷款提出了其他要求。我们认为，这可能不利于金融科技公司在欧洲范围内申请银行牌照，并促使其继续使用目前的解决方案开展业务。

融机构开展竞争（阿里巴巴和亚马逊就是典型案例）。

此外，大型科技公司和金融科技公司基于业务分拆和重组，通过其数字平台来实现服务的多样化并开展业务创新。事实上，业务分拆使向客户提供的金融服务不再局限于传统的金融服务范畴（如银行、金融和保险等），且提供服务的渠道和市场往往未受到金融监管框架的约束（传统金融机构的业务仍处在金融监管之下）。因此，数字平台可以不再局限于单一的金融服务，而是能够在多种金融服务中只选择、组合其客户所需的服务，并将其包装成"新"金融产品和服务提供给客户。①

迄今为止，无论采用何种战略，所有的大型科技公司都在寻求与一些重要的金融机构（银行、投资基金等）建立合作伙伴关系，以逐步加强和扩大其金融业务。然而，金融业务分拆打破了传统金融机构的价值链，使大型科技公司、金融科技公司能够在风险管理和法律合规方面，寻找最有利可图或风险负担最少的渠道。此外，由于金融产品和服务在很大程度上可复制和互换，各类金融机构（包括银行、大型科技公司和金融科技公司等）针对零售客户（个人和中小企业）提供的金融产品和服务（如贷款、投资等）的标准化程度会不断提升，可能使竞争越发激烈。

参考文献

[1] Ant Financial. (2018a, September 17 – 18). 2018 *investor day*.

---

① 重组是将各金融机构提供的金融产品进行拆分，只选择、组合其客户需要的服务，将其作为新的金融产品（Fujitsu Journal, 2018）。重组通过高度协作实现了以客户为中心的金融服务模式（WSBI – ESBG, 2018）。

第三章 大型科技公司的战略演变：令人担忧的竞争

Ant financial – The global leading FinTech company.

［2］Ant Financial. （2018b, May 3）. *Alipay introduces two new money market funds to Yu'e Bao platform.* Retrieved March 27, 2019, from https：//www. antfin. com/newsDetail. html? id = 5b0d697b623e7f7c82e661e8.

［3］Ant Financial. （2018c, September 20）. *Ant Financial launches Ant Financial Technology brand with full suite of technology products and services to support growth of financial institutions.* Retrieved March 27, 2019, from https：//www. antfin. com/newsDetail. html? id = 5ba34944f07d7acfc335da0d.

［4］BaFin（Bundesanstalt für Finanzdienstleistungsaufsicht）. （2018, July）. *Big data meets artificial intelligence. Challenges and implications for the supervision and regulation of financial services.*

［5］Carstens, A. （2018, December 4）. *Big tech in finance and new challenges for public policy.* Keynote address by the General Manager, Bank for International Settlements, FT Banking Summit, London.

［6］CB Insights. （2018）. *Everything you need to know about what Amazon is doing in financial services.*

［7］Citigroup. （2018, March）. *Bank of the future. The ABCs of digital disruption in finance.* Citi GPS：Global Perspectives and Solutions.

［8］ECB. （2018a, March）. *Guide to assessments of licence applications. Licence applications in general.*

［9］ECB. （2018b, March）. *Guide to assessments of fintech credit institution licence applications.*

［10］Financial Times. （2015, gennaio 5）. *Tencent launches China's first online – only bank.*

[11] Financial Times. (2018, March 5). *Amazon in talks with JP-Morgan to offer bank accounts.*

[12] Financial Times. (2019, March 26). *Goldman's Apple Card launch leaves questions unanswered.* Retrieved March 27, 2019, from https://www.ft.com/content/2d7051f8-4f51-11e9-b401-8d9ef1626294.

[13] Frost, J., Gambacorta, L., Huang, Y., Shin, H. S., & Zbinden, P. (2019). *Big Tech and the changing structure of financial intermediation.* BIS working paper, 779, April 2019.

[14] FSB. (2019, February 14). *FinTech and market structure in financial services: Market developments and potential financial stability implications.*

[15] Fujitsu Journal. (2018). Digitalization is not a "threat" but an "opportunity" —The future of financial services delivered by FinTech. *Fujitsu Journal.* https://journal.jp.fujitsu.com/en/2018/07/11/01/.

[16] Reuters. (2018, giugno 1). *China steps up regulation of fast-growing money market funds.* Retrieved March 27, 2019, from https://www.reuters.com/article/uschina-funds-moneymarket/china-steps-up-regulation-of-fast-growing-moneymarket-funds-idUSKCN1IX4FZ.

[17] Seputyte, M., & Kahn, J. (2018). *Google payment expands with e-money license from Lithuania.* Retrieved March 28, 2019, from https://www.bloomberg.com/news/articles/2018-12-21/google-payment-expands-with-e-moneylicense-from-lithuania.

[18] Tencent. (2018). *Annual report* 2017. http://www.tencent.com/en-us/articles/17000391523362601.pdf.

[19] UBS. (2018, May 29). *China's money market reforms*. Retrieved March 27, 2019, from https：//www.ubs.com/microsites/china-insights/en/insights/fixed-income/2018/china-money-market-reform.html.

[20] WSBI-ESBG. (2018). Proportionality helps banks, banking workforce. *News and Views*, Q3. https：//www.wsbi-esbg.org/SiteCollectionDocuments/9492_PER_NEWSVIEWS_2_2018.pdf.

[21] Xiao, L. (2018). *Tencent money-market fund triples in three years*. Retrieved March 27, 2019, from https：//www.caixinglobal.com/2018-03-22/tencent-moneymarket-fund-triples-in-three-years-101224888.html.

第四章　金融数字化背景下的银行战略

摘　要：传统金融机构制定了一系列战略以应对金融数字化带来的挑战。大型国际银行采用了多元化战略，不仅通过持股科技公司、建立合作伙伴关系等方式来推动数字化转型，也在深受技术创新影响的金融业务领域独立研发和应用数字科技。从应用领域来看，大部分银行都在不同程度上打造了数字化渠道。大型国际银行主要将数字科技应用于贷款、网上银行和支付等业务领域，财富管理和中后台支持技术的研发也逐渐受到重视。对于小型银行来说，由于业务规模和投资潜力有限，再加上它们与展业地域的传统联系以及传统的客户服务方式，使其在数字化转型过程中面临诸多困难。同时，数字化转型对于小型银行来说也是一项重要的挑战，小型银行不仅面临来自金融科技公司和大型科技公司的竞争，也要应对来自大型金融机构和新型金融服务主体的竞争。在此，我们将新型金融服务主体定义为数字化银行，其通过创新型业务模式来提供高度数字化的金融产品和服务，从而更好地满足了客户期望，实现了稳健的运营。从实践来看，传统金融机构或大型科技集团的子公司都可以成立数字化银行。

第四章　金融数字化背景下的银行战略

关键词：传统金融机构；银行；数字化转型；数字革命；战略

数字化转型和数字革命

鉴于银行在数字化背景下采取了多种战略方法，欧洲银行业管理局的一项分析（2018）提出了两种趋势——数字转型和数字革命，梳理了不同层次组织和业务模式的演变。在数字化转型战略下，银行通常会采取以创建数字渠道为基础的内部战略，其主要目标是实现业务流程的数字化和优化，从而降低成本并提高效率。相反，数字革命战略的最终目标是寻找新的利润来源，以满足新客户的需求。欧洲银行业管理局（2018）强调，在某些情况下，银行集团在其内部建立了数字化银行，并根据数字化转型的要求重新构建组织、生产和分配结构。

其中，许多战略方法实施时间较短，可获取的公开资料使我们无法充分评估其创新程度，也很难对其有效性进行评估。尽管如此，我们认为进一步分析和研究国际上不同规模和业务性质的银行所采用的各种战略方法是很有意义的。这能够使我们更全面地了解欧洲金融体系在国际金融框架中的比较定位，更重要的是可以帮助我们对银行业务模式、未来场景进行有效的评估与预测。

大型银行的战略选择：探索"银行科技"发展之路

我们基于样本数据库对大型银行战略进行分析，该样本数据库由

32家样本银行组成，其中24家是欧洲银行①，包括了大量国际化运营并且数字化战略特别活跃的银行（如表4.1所示）。②

表4.1 国际银行的数字化战略③

创新方向	业务领域	发展战略					
		持股		合作伙伴关系		内部研发	
		欧洲	非欧洲	欧洲	非欧洲	欧洲	非欧洲
金融中介业务	贷款和融资	6	4	3	1	7	
	个人理财（网上银行）	5	3	1		12	2
	企业银行服务					2	
	交易	9				3	1
	财富管理	5	3	5	2	10	3
	支付	14	3	7	1	9	2
	互联网保险	2		3		6	
技术、功能性或工具类活动	区块链	19	4	1			
	数据分析	6		4	3	2	2
	安全、合规和数据保护	2				8	2
	监管科技	7	4	1			

＞＞＞＞＞＞＞数字化转型强度从低到高＞＞＞＞＞＞＞

资料来源：作者根据公开资料整理。

---

① 该数据库部分来源于Tanda（2018）的研究。我们根据已有的信息和资料对数据库进行了扩展、更新和补充。个别样本银行数字化项目的资料，我们已根据其公司网站、财务报表、财务报告、股东简报及路演、新闻稿及产业计划等公开资料进行了更新。股权和合伙企业的数据基本来源于S&P Capital IQ数据库。

② 样本银行的名单如表4.2所示。我们将主要的欧洲银行集团和其他较小的银行都纳入了研究样本。这一决定并不是基于银行规模的考虑，而是考虑到欧洲银行体系的特点以及一些国际大型银行数字化项目的创新水平。部分非欧洲银行也被纳入样本，以代表不同市场和地区项目的数字化水平，这些银行主要来自美国、巴西、中国和日本。

③ 表4.1列举了银行所采取的各种数字化转型发展举措，并能够看出不同银行数字化转型的强度。方框内显示了在有关业务领域内启动至少一个战略的银行数量。总数高于样本总数，因为各个银行在不同业务领域实施了一系列战略。网上银行一词是指：主要为零售客户提供活期账户和储蓄账户管理服务，通过这些服务可以查询账户余额并使用主要的银行功能；专门开发的在线活期账户；创建或开发新的数字银行，主要提供活期账户储蓄服务。

第四章 金融数字化背景下的银行战略

通过表4.1，我们可以得出以下结论：

第一，通过分析可以发现银行金融科技创新主要包括两个发展方向：一是发展金融中介业务（如贷款、个人理财、交易平台、财富管理、支付、保险服务等）；二是研发赋能金融业务的工具或技术（如区块链系统、数据分析、安全、合规和数据保护、监管科技[①]等）。

第二，通过分析可以看出银行实施数字化转型的强度。

第三，通过分析可以看出银行正在采取一系列战略方法来推动数字化转型，这些转型战略方法主要包括持股、建立合作伙伴关系和内部研发三种。首先，持股战略使银行能够持有金融科技公司和大型科技公司股份（直接或通过子公司或风险投资基金），也包括最初由第三方机构（金融科技公司等）持有的数字化银行股份。其次，建立合作伙伴关系战略，指银行通过协议和联盟与金融科技公司和大型科技公司进行合作，以开发新金融产品或服务，或通过数字渠道销售金融产品和服务。最后，内部研发战略主要是银行自身或其集团制定的战略，包括销售和分销渠道的数字化（前台、中台和后台），以及在集团内部创建专注于数字化转型发展的子公司（包括在银行集团内新设立的网络银行）。

表4.1综合呈现了分析结果，可以根据各种数字化发展举措来衡量大型银行的数字化转型强度。样本银行在不同业务领域实施了一系列战略举措。从这些举措的强度水平可以明显看出，各样本银行都特别关注支付业务的数字化发展。正如我们所知，支付业务领域是金融科技最初的发展领域，且已被大型科技公司广泛开发。在该业务领域，

---

① 国际清算银行认为："监管科技是一个应用程序或平台，它通过自动化流程提高合规效率，并降低合规成本。监管科技专注于技术，从而更快速、有效地满足监管要求。"（Das，2019）

银行采取了多种策略方法：17家银行（其中14家为欧洲银行）已经收购了科技公司的股份，8家银行（其中7家为欧洲银行）已经与金融科技公司建立了合作伙伴关系，11家银行（其中9家为欧洲银行）已经启动了金融科技内部研发。银行对区块链技术也非常感兴趣，样本银行中有23家银行（其中19家为欧洲银行）投资了区块链科技公司，有1家欧洲银行与区块链科技公司启动了合作伙伴关系。

进一步分析银行数字化转型所采用的各种战略方法。收购金融科技公司和科技公司的股份，是大多数银行在开发数字化金融产品、工具性服务时最常用的策略。这可能是因为银行希望为特定业务领域的发展找到快速、即时的解决方案，而金融科技公司在这些领域已经掌握了大量的专业知识，并开发出较为先进的技术方案。显而易见，这种战略方法在支付业务（17家银行，其中14家为欧洲银行）和区块链技术研发（23家银行，其中19家为欧洲银行）中经常被采用。

内部研发战略适用于更关注零售客户的个人理财和网上银行领域（14家银行，其中12家为欧洲银行）、财富管理（13家银行，其中10家为欧洲银行）和安全、合规及数据保护（10家银行，其中8家为欧洲银行）。这似乎体现了欧洲和非欧洲大型银行的一种倾向，即在核心业务领域、增值最大领域以及与客户关系具有战略重要性的内部监督系统等领域采取内部研发战略。

少数样本银行采用了合作伙伴关系战略，主要涉及支付业务（8家银行，其中只有1家为非欧洲银行）和财富管理（7家银行，其中5家为欧洲银行）。通过建立合作伙伴关系来提供金融产品和服务，在一定程度上降低了银行在业务管理中实现单一决策的机会，鉴于此，大型银行认为这种解决方案在数字化转型方面是次优选择。在上述案例中，合作伙伴关系战略显然不是其他项目的替代方案，而是复杂项目在涉及多种战略方法时的补充解决方案。

据了解，样本银行最感兴趣的业务领域是个人金融和支付业务。在个人金融领域，欧洲银行已经通过自主研发或合作的方式开发了应用程序。例如，荷兰银行开发了一款名为 Grip 的应用程序，能够让客户监控自己的支出并计划投资。德国中央合作银行投资了 fymio，这个工具可以让客户通过应用程序在线跟踪自己的财务状况。劳埃德银行改善了通过手机开立活期账户的体验感，并创建了银行和保险服务应用程序。裕信银行投资了"财务健康"应用程序 happymoney。

在支付领域，当前金融机构追求的目标是促进点对点支付（P2P）或商店支付，并制订了各种解决方案。部分金融机构选择与金融科技公司合作。例如，瑞士信贷集团与 TWINT 建立了合作关系，而裕信银行是第一家在意大利激活 Apple Pay 并使用支付宝的银行。法国兴业银行收购了金融科技公司 TagPay（在非洲提供手机支付服务）。2017 年，渣打银行成为首家在中国推出移动钱包服务的国际银行。在非欧洲地区，三菱东京日联银行引入了一个特别的创新解决方案，创建了可以通过二维码和智能手机支付的虚拟货币 MUFG。摩根大通推出了一款应用程序——大通支付（Chase Pay），客户通过智能手机在实体店和网上都可以进行支付。此外，摩根大通还推出了一项服务 Zelle，可以向朋友和家人免费转账，大约 30 家大型银行与之达成了合作协议。

在财富管理领域，样本银行（包括西班牙对外银行、法国巴黎银行、德意志银行、桑坦德银行、瑞银、裕信银行、美国高盛和摩根大通）通过建立合作伙伴关系或投资金融科技公司，来提供自动化咨询服务（智能投顾），包括向私人客户提供特定服务方案。例如，荷兰银行成立了金融科技公司 Prospery,专门提供数字资产管理和专家咨询服务。德国中央合作银行和巴西银行合作,针对退休计划研发了数字财富管理方案。

在公司金融服务领域,欧洲银行财团①成立了一个名叫 we.trade 的平台,专注于规范欧洲中小企业的国际贸易,目前总计有 13 家欧洲银行在 14 个不同的国家开展业务。

正如前文所述,银行集团的内部研发战略还包括建立或收购网络银行。实际上,数字化进程的深入推进也在影响银行集团结构和现有的生产和销售过程,样本银行中有 6 家银行(5 家欧洲银行——西班牙对外银行、法国巴黎银行、法国农业信贷银行、法国 BPCE 集团和意大利裕信银行,以及 JP 摩根的子公司大通银行)已经选择建立或购买专门从事线上金融业务的数字化银行。与传统银行完成数字化转型所需的时间相比,这可能是一个较为快速有效的解决方案。此外,在银行集团内创建数字化银行,并不意味着不再通过其他方式实现数字化,银行集团在分销渠道、特定流程和服务等领域也正在开展不同的数字化项目。通过这种并行发展方式,内部研发战略可以遵循不同的时间进展安排,并对客户的差异化需求作出不同反应。②

就样本分析的目的而言,最重要的是评估各银行数字化转型所采用的主要战略方法及其强度。如表 4.2 所示,我们可以将银行分为以下四类。

---

① 最初由德意志银行、汇丰银行、比利时联合银行、法国外贸银行、荷兰合作银行、法国兴业银行和意大利裕信银行组成,北欧银行、桑坦德银行、欧洲储蓄银行、埃斯特集团、欧洲银行和瑞银随后加入。

② 从这个角度来看,上文提到的欧洲众筹服务运营商监管提案可能会帮助欧洲银行集团扫清障碍,使其能够创建在线平台并为其他服务提供渠道(单独或与金融科技公司合作,或与其他银行合作)。事实上,该解决方案能够响应不同细分客户群体的需求。

第四章 金融数字化背景下的银行战略

- 股权导向（Shareholding-oriented）：银行倾向于通过收购金融科技公司或科技公司来实现数字化转型。
- 合伙制（Partnership-oriented）：银行倾向于建立合作伙伴关系来开发基于先进技术的金融产品和服务。
- 内部研发（In-house developer）：银行可以直接加大对IT部门的投资力度，并将资金更多地运用于科技研发；或在集团中设立专门开发和（或）提供数字化服务的公司（包括数字化银行）。
- 混合战略（Mixed strategy）：采用混合战略的银行，即综合采用上述各种战略方法，而不局限于其中一种。

表4.2 欧洲银行和非欧洲银行的数字化战略和多样化程度

程度＼项目	银行采用的主要策略				银行数量
多样化程度（根据业务领域划分）	股权导向	合伙制	内部研发	混合策略	
低				BB	1
中低	BPCE, NAT		MUFG	CS, NOR	5
中等	BBVA	BNY	BC, LL	SC	5
中高	ABN, CZ, CM, DB, ING		DZ, ISP	BAR, CA, RABO, RBS, UBS	12
高	CITI, GS, SAN			BNP, HSBC, JPM, MOSL, SOGE, UC	9
银行数量	11	1	5	15	32
银行缩写全称					
欧洲银行					
ABN	ABN AMRO 荷兰银行	DB	DEUTSCHE BANK 德意志银行	LL	LLOYDS BANKING GROUP 劳埃德银行集团

61

续表

银行缩写全称						
欧洲银行						
BBVA	BANCO BILBAO VIZCAYA ARGENTARIA 西班牙对外银行	DZ	DZ BANK 德国中央合作银行	RABO	RABOBANK 荷兰合作银行
BAR	BARCLAYS 巴克莱银行	BPCE	GROUPE BPCE 法国BPCE银行	RBS	ROYAL BANK OF SCOTLAND 皇家苏格兰银行
BNP	ROYAL BANK OF SCOTLAND 法国巴黎银行	HSBC	HSBC 香港—上海汇丰银行	SAN	SANTANDER 西班牙国际银行
CZ	SANTANDER 德国商业银行	ING	ING 荷兰国际集团子公司	SOGE	SOCIETE GENERALE 法国兴业银行
CA	SOCIETE GENERALE 法国农业信贷银行	ISP	SOCIETE GENERALE 意大利联合圣保罗银行	SC	STANDARD CHARTERED 英国渣打银行
CM	CREDIT MUTUEL 法国国民互助信贷银行	NAT	NATIXIS 法国外贸银行	UBS	UBS 瑞士联合银行集团
CS	CREDIT SUISSE 瑞士信贷集团公司	NOR	NORDEA BANK 挪威银行	UC	UNICREDIT 意大利裕信银行
非欧洲银行						
BB	BANCO DO BRASIL 巴西银行	CITI	CITIGROUP 纽约花旗银行	MOSL	CITIGROUP 摩根士坦利
BC	BANK OF CHINA 中国银行	GS	GOLDMAN SACHS 高盛集团	MUFG	MUFG-BANK OF TOKYO 三菱东京日联银行
BNY	BANK OF NEW YORK MELLON 纽约银行梅隆公司	JPM	JP MORGAN CHASE 摩根大通		

第四章 金融数字化背景下的银行战略

从表4.2可以看出,大多数银行采用了混合战略方法(15家银行,其中12家为欧洲银行),或更倾向于收购金融科技公司和科技公司(11家银行,其中9家为欧洲银行)。越来越多的银行(32家样本银行中有21家银行)开始实施多样化的数字化项目来促进金融业务发展。这表明,大部分银行正在采取广泛措施,以确定适合其业务领域的数字化方案,但这并不一定代表银行会逐步增加数字化服务的数量,因为在个别情况下,银行可能将关注重点放在与其核心业务和主要客户群体相关的领域。

虽然表4.2显示只有一家美国银行,即纽约银行梅隆公司采用了基于合作伙伴关系的策略,但对样本银行进一步分析后,我们发现大部分欧洲银行和非欧洲银行都采用了合作伙伴关系战略,其中一些银行与大型科技公司、金融科技公司和科技公司的合作非常紧密。

在采取内部研发策略的5家银行中,至少有3家银行并未将内部研发作为其唯一的数字化策略。例如,中国银行目前正在与腾讯开展合作,而德国中央合作银行已经投资了一家从事支付服务的金融科技公司,意大利联合圣保罗银行宣布有意在区块链技术领域启动合作。

我们可以从各银行相关的资料中提炼出数字化转型战略主线。前面提到的欧洲银行业管理局研究报告(2018)中涉及的相关案例研究,有助于分析单个银行所构建的数字化转型战略或数字革命战略。很明显,在研究样本中,大部分银行都在进行数字化转型,基本上是对其分销渠道进行资格认证和多元化建设。

但值得注意的是,只有少数银行的战略规划处于高级阶段,这些战略中金融产品和服务设计、销售等过程都是以创新为基础的。因此,在研究样本中,有效实施数字化战略的银行数量相对有限。此外,考虑到银行在实施这些高阶战略时可能遇到的困难①,可能会使战略举措局限在一定范围内。

进一步分析个别案例来深入思考。首先要考虑的是,所有的样本银行都认为业务数字化是一个战略目标,是一个必须接受的挑战。经过梳理,我们发现近几年来,一些传统银行一直在发表这样的言论。2016年,专门从事市场研究的国际数据公司(International Data Corporation,IDC)的一项研究表明,其研究对象中,大约96%信贷机构已经制定了数字化战略。其中,44%的数字化举措完全与前台业务相关,即与金融产品和服务的分销渠道相关。此外,安永(Ernst & Young)2018年的一份研究报告提出,85%的受访银行表示已将数字化转型列为其2018年的业务重点。银行数字化转型进度缓慢,主要是由银行内部研究成果转化不畅、银行集团组织结构复杂等因素导致的。

从研究样本来看,不同银行数字化转型的有效程度差异很大。很明显,只有部分银行真正重新考虑了能够推动其业务体系整体数字化的方法。例如,在实现战略规划中的数字化转型目标时,将管理人薪酬体系与数字化目标的实现程度挂钩。在欧洲信贷机构中,荷兰国际集团将"推动数字化转型,改善客户体验,进一步提升运营效率"纳入其非财务目标;荷兰银行将"转型、创新、数字化和可持续增长"列为其运营原则;巴克莱银行将实现财务和非财务目标作为高管薪酬的决定因素,并将数字化纳入其非财务目标。另外,部分银行表示希望全面实现业务数字化,但目前主要关注分销渠道和前台业务数字化(包括瑞士信贷集团、劳埃德银行和北欧银行,以及非欧洲的巴西银

---

① 困难主要来自系统遗留问题以及颠覆性的科技创新举措对人力资源和业务操作带来的负面影响。

行和摩根士丹利)。

从目前已有的案例可以看出,分销渠道数字化和多渠道重组是值得关注的。首先要强调的是,尽管传统银行在过去几年快速减少了传统分支机构的数量[①],但从战略层面看,银行减少线下布局并不是为了避免与客户进行实体接触,而是将接触的方式作出或多或少的改变,从而使分支机构显得不再那么"传统",使其更加科技化和功能化,同时降低运营成本。对研究样本的分析表明,部分银行正在实施一项政策——根据特定分行主要服务的客户群体,制定差异化的数字化转型框架。通过这种方式,银行试图利用数字科技,降低客户获取金融服务的成本,并进一步提升客户体验。同时,根据客户具体需求来确定服务方式,向其提供不同程度的标准化或个性化金融服务。

虽然部分银行已经为中小型企业和专业人士开通了数字化服务渠道,但完全自动化的银行分支机构已经开始出现,这使客户能够以一种轻松的、持续的方式获得基本的、标准化的金融服务,这一过程对零售客户的影响最大。完全自动化分支机构的名额通常分配给那些已经实现部分自动化的分支机构(这些分支机构通过顾问向客户提供更复杂的业务支持),或者分配给那些已经拥有专业人员的分支机构(主要在财富管理和公司金融业务咨询方面提供更高附加值的服务)。

通过案例分析,我们可以更深入地了解银行分支机构数字化项目的具体实施方式和创新程度,具体如下:

- 皇家苏格兰银行已经启用了一个基于人工智能的数字助手Cora,并在其分支机构(TechXpert)引入技术专家,帮助客户使用数

---

① 关于国际银行向无分行模式过渡的过程,参见 Gomber 等(2017)的研究成果。

字化渠道。

- 联合圣保罗银行和裕信银行已经计划使部分分支机构实现完全自动化，但部分专门提供高附加值金融服务的分支机构可以继续在线下提供顾问服务。
- 摩根士丹利制定了分支机构数字化的总体目标，但是并没有根据分支机构所提供服务和产品自动化程度的差异，来进行客户细分或区分。
- 除了根据客户群体划分分支机构外，三菱东京日联银行还在其东京机场分行（成田机场）设置了一个人形机器人，提供了19种语言的财务决策基本信息。

除了重组和升级分支机构外，大型国际银行一直特别关注分销渠道与客户服务多元化策略。营销渠道多元化在吸引新客户（尤其是千禧一代）、保持市场份额（或有效应对金融科技平台和大型科技平台的客户分流挑战）、降低运营成本、提高分销效率等领域能够发挥重要的战略作用。

在研究样本中，部分银行已经在涉及运营渠道多元化、提高金融服务可获得性的数字化转型项目上推出了应用程序、网站和专门的线上产品（线上活期账户），使客户可以通过应用程序监控账户支出。需要注意的是，虽然这些数字化工具主要服务于零售客户，但也存在扩展服务或专门服务于企业客户。

在这方面，欧洲一些案例值得注意：

- 荷兰银行建立了一个名为New10的贷款平台，向中小企业提供金融服务。平台可以在15分钟内响应中小企业贷款申请，授信额度最高可达100万欧元。

第四章 金融数字化背景下的银行战略

- 法国农业信贷银行提出了一个基于区块链技术的解决方案,在企业和投资银行领域创建自动化的供应链服务,主要为希望获得发票预付款的客户提供服务。
- 德国中央合作银行将其子公司 VR Leasing 转变成专门为中小企业和专业人士提供贷款解决方案的数字化运营商。
- 荷兰国际集团建立了一个虚拟的经常账户,使企业的财务部门能够以统一的方式管理其子公司之间的资金流动。
- 部分银行(包括北欧银行、德意志银行、汇丰银行、亚洲银行、荷兰合作银行、桑坦德银行、法国兴业银行和裕信银行)开发了区块链跨境金融交易服务平台 we.trade,允许中小企业跨国界与合作伙伴进行贸易谈判,并利用智能合约帮助客户完成金融交易。
- 德国商业银行实现了中小企业贷款申请、放贷流程的数字化。
- 裕信银行向企业客户推出了新的门户网站以及虚拟零售渠道。

需要指出的是,大型国际银行建立数字平台是为了向客户提供新的获取金融服务的渠道,从而降低由于非银行融资渠道带来的脱媒效应,以应对金融科技公司带来的挑战,并由此催生了新的数字化直接融资渠道。[①]

在研究样本中,金融科技的发展使金融产品创新的促进作用得到了清晰的体现——银行尝试在数字化过程中创造新的金融工具。例如,法国兴业银行集团在以太坊公共区块链上以证券型代币的形式发

---

① 从国际层面看,支持金融科技发展的主要原因之一就是科技在金融业的应用有助于实现融资渠道的多样化(OECD,2018)。金融科技推动银行去中介化的最新案例之一,欧洲投资银行(European Investment Bank,EIB)决定不仅通过传统的银行渠道,而且通过合作伙伴金融科技平台为中小企业提供融资。具体而言,2019 年 4 月,欧洲投资银行通过英国 P2P 贷款平台 Funding Circle,为德国和荷兰的中小企业融资 1 亿欧元。欧洲投资银行和 Funding Circle 之间的合作可以追溯到 2016 年,当时也开展了类似的业务以支持英国中小企业(EIB,2016)。

行（Security Token Offering，STO）了价值约1.12亿美元的债券。① 这次发行很值得关注，不仅因为它是全球第一次由银行发起的证券代币发行，更是因为证券代币发行在金融市场数字化过程中的重要性。法国兴业银行表示本次发行是一次较为有效的债券发行尝试，有助于探索许多可增值领域，如产品可扩展性、缩短的发行时间、计算机代码自动化结构，从而提高透明度，加快转让和结算速度等。②

通过上述案例，我们发现研究样本中的大型银行一直在投资推动技术进步，并使技术创新成为金融业务发展的驱动力。在有效性评估方面，数字化转型项目的有效性只能根据一些尚未公开的信息来判断，这些信息主要涉及数字化转型措施能否为银行创造价值以及能否提升客户使用创新渠道和服务的频率和范围。

与大型科技公司相比，国际上主要传统银行的数字化进程较为缓慢。考虑到研究样本中银行规模、数字化转型投资情况等因素，我们认为导致传统银行数字化进程缓慢的原因主要在于：大型和复杂的企业集团在大范围实施数字化转型战略时可能面临困难——需要持续关注集团内部诸多子公司生产和销售领域的发展情况。显然，做到这一点是十分困难的。

---

① 2019年4月，法国银行集团旗下的法国兴业银行在以太坊上以证券型代币方式，发行1.12亿美元的资产抵押债券。这款代币名为OFH，得到国际评级机构穆迪、惠誉评为Aaa/AAA的评级。该试点项目由法国兴业银行区块链子公司Societe Generale FORGE设计，该子公司是"集团内部创业项目中60家创业公司之一"。该项目鼓励内部管理层尝试金融科技创新，以提出革命性的解决方案。案例中的区块链内容详见 https：//www.societegenerale.com/fr/node/51522。

② 需要注意的是，证券代币不是与首次代币发行（Initial Coin Offerings，ICO）相关的加密资产或代币。与传统金融工具（股票、债券、基金、股份等）类似，证券代币具有货币价值，可以进行交易。与其他金融工具相比，证券代币起源于智能合约，其所有权由区块链交易确认。智能合约是一种信息协议，可以促进谈判、用于合同的数字化验证和管理。因此，智能合约允许在没有第三方干预的情况下执行被认为可信的交易。

转型带来的新老系统交替问题也值得关注。数字化转型不仅涉及投资购买最先进的技术解决方案，也需要关注启用新系统的时间安排和成本，更需要考虑彻底更换那些经常产生接口问题的旧系统。①

此外，大量裁撤实体分支机构、实施数字化项目以及对新技术的需求，都可能导致银行在资源管理、制订培训和教育计划等方面面临新的问题。进一步来看，监管框架可能会减少银行在战略规划、业务操作、降低合规成本方面的可用选择。银行可以采用业务外包、业务分拆等方式来应对这一约束。

巴塞尔委员会认为，随着金融科技的发展，银行业务外包的范围正在逐步扩大，有可能出现游离于金融监管之外的情况。然而，该委员会也强调，银行业务外包目前还处在法律监管框架之下，而且只能由受监管的金融机构来承接（BIS – BCBS, 2018）。欧洲金融监管法规明确提出，即使银行继续进行业务外包，外包活动产生的风险和责任将仍由银行来承担。② 同时，银行仍有机会将特定业务外包给金融科技公司，或采取技术解决方案以减轻合规负担（Bofondi 和 Gobbi，2017）。

长远来看，不同区域、不同类型金融机构面临的监管法律不一致

---

① Sperimborgo（2016）强调，银行采取的策略并不总是有效的或能够实现盈利的。他对能够促使银行调整业务模式的组织和管理流程进行了分析，认为如果金融投资要实现盈利并产生价值，就有必要实施复杂的运营。

② 当银行使用云计算服务或将数据和信息管理业务外包给那些不受监管的外部机构，并形成战略性金融资源时，相关问题非常值得关注。欧洲银行在这方面受到特别严格的监管（BIS – BCBS, 2018），欧洲各国金融监管机构和欧洲银行监管委员会已经制定了规则，旨在防范银行业外包给欧盟以外的机构所产生的操作风险。此外，欧盟立法要求云计算服务必须遵守与个人数据保护和安全相关的法律（如《通用数据保护条例》）。考虑到"在基础设施方面，大型科技公司已经是全球云服务的主要供应商"（BIS – BCBS, 2018），基于监管要求和信息资产保护的需要，使欧洲银行对云计算的依赖程度较为有限，从而能够在数据存储和细化方面节省大量资金。

以及来自大型科技公司竞争压力的增加，都可能促使大型国际银行在区域选择、运营定位等方面制定与过去不同的战略，这些战略将更类似于金融科技公司和大型科技公司的发展战略。

小型银行的选择：构建合作伙伴关系

零售客户是小型银行的主要客户群体，且金融科技发展与零售业务紧密相关，鉴于此，业务数字化转型对于小型银行而言也是非常重要的。在当前的市场形势下，小型银行面临双重挑战。一方面，它们需要寻找解决方案，使其能够跟上新旧竞争对手的步伐，并满足客户对数字银行体验的需求。另一方面，它们可获得的资金和资源明显少于大型银行，而且技术普遍不先进，这使通过内部研发的方式推动数字科技创新成为一项极具挑战性的任务。

观察小型银行运营现状可以发现，迄今为止，许多小型银行以及那些在运营和市场环境中较少承受竞争压力的银行，对金融科技的研发和应用持观望态度。究其原因，可能是因为这些银行对金融科技的复杂性产生了"畏惧"心理，也未能理解金融科技对银行市场带来的影响，尤其是没有充分认识到金融科技对客户偏好产生的影响。①

需要指出的是，如果通过以下方式提高数字化转型效率，上述情形会逐渐发生变化：

---

① 另外，如果确实具备对金融市场环境的认识、治理和管理能力，小型银行就可以在技术环境和数字生态系统（如工作室、孵化器等）中发起倡议，以便于在内部和（或）合作伙伴关系中确定数字化转型方案。意大利的 BancaSella 建立了一个金融科技社区（www.fintechdistrict.com），并与金融科技公司形成了多样化的联合工作方法。

第四章 金融数字化背景下的银行战略

- 实现分支机构的合理布局,依托分支机构网络将客户与银行传统业务模式相连接;
- 持续推动基础性数字化业务的发展①,以更好地满足新客户群体的需求,特别是年轻群体的需求。

初始技术水平对于小型银行而言至关重要。事实上,从更高技术水平起步的银行更容易实现高水平的数字化,而完全采用传统业务模式的金融机构在启动更复杂的数字化转型之前,必须首先在基层部门和业务流程中实施数字化(PWC,2018)。在实际操作过程中,这种渐进式的转型方式能够很好地契合客户对数字化服务需求的逐渐变化。②此外,小型银行可以更加灵活地提供金融服务,并随时进行调整,因此它们不会面临上文所提及的大型银行数字化转型过程中产生的新老系统交替问题。但是,渐进式转型真正的问题在于所涉及的时间可能太长。③

研究发现,数字化转型竞争在欧洲市场(特别是金融科技发展迅猛的欧洲市场)尤为激烈。国际经验表明,许多银行都经历了从单一市场主体到集团化经营的演变过程,集团化组织结构使银行能够利用规模经济,为集中投资创造更有利的条件,以支持集团内部各家银行的战略发展。近年来,这种模式在欧洲的合作信贷银行中尤为明显,

---

① 小型银行可以使用内部解决方案,这样成本最低,也最直接。比如,通过创建数字化渠道和应用程序,使客户可以访问活期账户和金融服务。
② 正如 Carbo–Valverde 等(2018)指出,流程和产品从简单到复杂的渐进式发展,与客户接纳数字化银行业务的时间进度基本同步。研究表明,客户首先需要的数字化服务是远程访问其活期账户,然后才是通过移动银行与银行连接的虚拟渠道等数字化渠道进行转账。
③ 2018 年,美国银行家协会(American Bankers Association,ABA)对约 200 家银行(其中 70% 为社区银行)的一项调查显示,银行已经实现了线上或数字渠道贷款(82%)和消费信贷(58%),但在利用技术增加交易量、降低成本、提高效率等方面还有很大的改进空间。

包括法国农业信贷银行、法国 BPCE 银行和荷兰合作银行。①

从国际层面来看，中小型银行也在尝试其他类型的数字化发展方案（主要是与金融科技公司、财团以及合资企业达成合作协议），与内部研发相比，这可以帮助小型银行弥补技术差距、改善客户关系，并快速实现新商业模式重新定义的各项目标。

在 2018 年的一项研究中，Hornuf 等分析了金融科技公司与国际银行之间的关系，认为利润率较低的银行，由于其商业模式面临较大的竞争压力，故而更倾向于与许多金融科技公司建立合作关系。同时，由于投资潜力有限，这些银行无论如何都必须进行创新以保持其市场份额。

本书第二章已经梳理了许多金融科技公司与银行或其他金融机构合作的案例，并为评估此类解决方案的潜力提供了思路。在这里，我们再举一个意大利的案例。意大利的金融科技发展较其他欧洲国家晚，但增长迅速。尤其值得一提的是，ICCREA Banca 于 2016 年发起了一个项目，投资了电子商务门户 Ventis，以提高其公司客户的知名度和线上销售量；投资了活跃在数字支付领域的金融科技公司 Satispay，针对使用先进数字工具的年轻客户群体开发了补充支付服务。该项目的顺利实施为参与该项目协议的银行带来了一定的竞争优势，使银行可以为其零售客户（个人和中小企业）提供上述服务。

---

① 包括意大利在内的欧洲国家，拥有数量庞大的小型银行。在意大利，小型银行主要由互助银行组成，根据 2017 年的相关法律，这些银行有义务合并成集团。考虑到互助银行业务模式的弱点——以传统业务模式为核心、传统银行分支机构的作用进一步削弱、深受日益提升的数字化水平和由此产生的市场竞争压力的强烈影响，意大利银行反复强调有必要加快成立合作集团（Barbagallo, 2018）。

在国际金融市场，美国社区银行的经验值得关注，它们与金融科技公司开展广泛的合作，特别是在贷款业务领域。美国银行家协会指出（2018）银行及其合作伙伴的合作模式有以下两种：

- B2F（Banks to FinTechs）：在这种模式下，银行首先与客户接触并评估其需求，其次将接触和评估获取的信息、数据传递给金融科技合作伙伴，最后由金融科技公司与客户签订合同并提供贷款。具体来说，如果客户的需求或风险状况不符合银行的放贷标准，那么，银行就会将潜在的借款人转移给金融科技公司。

- F2B（FinTechs to Banks）：在这种模式下，客户直接向金融科技公司申请贷款，如果客户贷款申请和风险特征符合银行的放贷标准，那么，金融科技公司可以将该贷款转移给银行。

其他国家的银行也可以在自愿的基础上使用这种解决方案。相比之下，英国推出了"银行推荐计划"（Bank Referral Scheme），允许大型银行向金融科技公司提供不符合其放贷标准的客户资料。[①] 制订这项计划是为了提高客户（这部分客户不符合大型银行的标准，因而未能享受大型银行提供的金融服务）获取金融资源的可能性，也可以增加中小银行提供金融服务的机会。银行与金融科技公司之间的合作，成功地在零售客户领域实现了各类型金融机构的合理分工。此外，合作协议不仅使小型银行能够以与新市场环境相一致的方式定位自己的客户，也可以通过与拥有先进技术的参与者开展合作来弥补技术差距。

---

① 《中小企业（信贷信息）条例》[The Small and Medium Sized Business (Credit Information) Regulations] 于2016年4月1日在英国生效，该条例强制要求大型银行向金融科技公司提供其中小企业信贷信息（Bofondi，2017）。

数字化银行：商业模式创新与灵活性

在金融数字化背景下出现了一个重要的现象——诞生了大量的数字化银行。巴塞尔委员会 2018 年的一份报告对数字化银行进行了分类，将这些新型金融机构称为"挑战者银行"，并称它们是新成立的数字原生代，能够改善客户体验，并能更有效响应客户不断变化的需求。此外，报告还强调这些新的金融机构正在探索一种新的银行商业模式，这种商业模式不再以分支机构为中心，即不再在某一地区布局分支机构，而是完全以技术为基础，随时随地通过各种渠道触达客户。

但是，这一定义似乎并没有将数字化银行与网上银行区分开来，网上银行已不再是新鲜事物，而且在国际上已有大量的业务实践。例如，早在 1991 年，荷兰国际集团就创建了一家专门的网上银行——ING Direct。英国直销银行 First Direct 的主打品牌就是科技，该银行于 1989 年在英国成立，由汇丰银行控股，它最初是一家电话银行，在 2000 年发展成为网上银行。1999 年，WeBank 在意大利成立，隶属 Gruppo Banco BPM S. P. A.，专门提供线上银行服务。在非欧洲银行中，日本索尼集团子公司索尼金融（Sony Financial）于 2001 年成立了日本索尼银行（Sony Bank）①，专门从事互联网银行业务。

在对金融科技公司的分析中提到的银行通常为传统银行，并非"新一代"数字化银行，因为后者拥有更先进的技术，并采用了新型

---

① 这是一家由实体行业企业成立的银行。

商业模式和客户关系管理方式。①

通过对"新一代"数字化银行与传统银行的比较分析，我们可以深入了解银行商业模式的演变过程。为此，我们梳理了近年来成立的数字化银行的案例（如表4.3所示）。为了进行比较分析，我们同时将欧洲和非欧洲数字化银行纳入研究样本中，主要包括13家欧洲银行和9家非欧洲银行。

通过股权结构分析，我们将研究样本划分为独立运营的银行（A组）、银行集团旗下的银行（B组）、大型科技公司旗下的银行（C组）三类。我们认为这是一个恰当的分类，因为这一分类方法不仅包括了目前金融市场上所有的银行类型，而且还根据设立主体不同对银行进行了区分。对研究样本的分析我们可以得出以下结论：首先，"新一代"数字化银行在先进的技术环境中诞生并发展，它们采用了最新的技术，并通过创新的方式在最短的时间内将技术与运营相融合，这是"新一代"数字化银行与传统银行、"老一代"网络银行的根本区别所在。其次，正如我们所看到的，传统银行正面临庞大而繁重的数字化转型任务，正在更频繁地改造其信息和通信技术（Information and Communication Technology，ICT）系统，为开展

---

① Takeda（2018）提出："索尼银行成立于2001年，是一家互联网银行。在确保公平商业行为的同时，该银行通过重新定义传统金融服务，成功扩大了其业务边界和规模。我们对数字化银行的服务发展速度和成本竞争力持谨慎态度，比如德国的Fidor银行，通过与前端服务提供商达成合作，专注于后端服务创新。但是，索尼银行成立17年以来，人们依然将它视为传统金融机构。然而，互联网始终是索尼银行的核心业务领域，它在数字化环境中提供住房贷款、外汇存款、投资信托等基本银行服务，并将新数字化竞争视为金融改革和拓展市场的机会。随着开放银行（如应用程序编程接口）的发展，索尼银行通过与外部公司合作、业务分拆和'白色标签'提升价值创造的速度（'白色标签'是一种机制，即将A银行开发的金融产品纳入B银行的金融服务，或借助C银行的品牌向客户提供。客户凭借对B银行和C银行品牌的信任，购买此金融产品和服务，而其实际上不知道该产品和服务的实际提供方）。"

前沿技术创新提供基础。当然，与传统银行相比，"老一代"网络银行数字化转型难度更小一些，它们能够更快速地完成技术升级和市场整合。[①] 然而，"新一代"数字化银行必须在其母公司的信息和通信系统框架中进行管理，从而能够受益于集团内部的协同效应，拓展服务范围并巩固客户关系，这两个特点是"新一代"数字化银行与其竞争对手的重要区别所在。

表4.3 数字化银行的主要特征

A组：独立运营的银行			
数字化银行	成立日期	国家	金融产品和服务
Atom bank	2014年	英国	存款和抵押贷款
Bunq	2015年	荷兰	存款、预付卡和转账，电子存钱罐服务
Chime	2013年	美国	Visa借记卡，自动储蓄计划，不收费，实时提醒和每日余额更新，提供购物返现和1.75%存款返点
Monzo	2015年	英国	实时分析消费习惯，快速移动转账，与优步等其他科技公司实现业务整合
N26	2013年	德国	账户存款、贷款、保险和B2B账户
Nubank	2013年	巴西	活期账户、预付卡、与合作伙伴的奖励计划
Revolut	2013年	英国	保险、加密货币账户、B2B账户
SolarisBank	2016年	德国	账户存款、支付服务
Starling Bank	2014年	英国	仅限移动账户的存款，保险和B2B账户
Varo Money	2015年	美国	活期账户、存款、储蓄账户和个人贷款
Younited Credit	2008年	法国	个人贷款

---

① 例如，ING Direct目前正在推进其数字化发展战略，并自称是数字银行市场的领导者，其中98%的个人客户在使用数字渠道（ING，2018）。索尼银行提供外币存款、投资基金和贷款服务，正如我们所看到的，它正在调整其数字化发展战略。

第四章 金融数字化背景下的银行战略

续表

B组:传统银行发起设立的银行				
数字化银行	成立日期	国家	金融产品和服务	母公司
CBD Now	2016年	阿拉伯	5分钟内即可在线开户,24小时内即可交付借记卡	迪拜商业银行(Commercial Bank of Dubai)
CheBanca!	2008年	意大利	活期账户,保险政策和投资服务,包括智能投顾服务	意大利金融信贷银行(Mediobanca)
Fidor	2009年	德国	活期账户,其利率受客户的Facebook点赞影响。搭建了一个活跃的"智能社区"平台可供客户讨论金融问题	独立成立,并于2017年被法国BPCE集团收购
Eko	2017年	法国	活期账户和预付卡	法国农业信贷银行
Finn	2017年	美国	与预付借记卡挂钩的支票和储蓄。客户可以通过电话实现开户、存款、签发支票、跟踪支出和制订储蓄计划。用户可以对交易进行评级	Chase(摩根大通的子公司)
Hello Bank	2013年	比利时	欧洲最大、最先进的数字银行之一,提供活期账户、保险、贷款、储蓄和经纪服务	法国巴黎银行公司(BNP Paribas)
Simple	2009年	美国	活期账户、预付卡和支出支票服务	独立成立,并于2014年被BBVA集团收购
Widiba	2013年	意大利	多元化的银行服务,包括:活期账户、储蓄账户、信用卡和支付、交易和投资服务、贷款	西雅那银行(Monte dei Paschi di Siena)
C组:大型科技公司发起设立的银行				
数字化银行	成立日期	国家	金融产品和服务	母公司
浙江网商银行	2014年	中国	网上银行服务	阿里巴巴
深圳微众银行	2015年	中国	零售贷款、合作提供金融服务	腾讯

资料来源:作者根据公开资料整理。

无论在何种情况下，快速和立即响应客户的金融需求都是数字化银行的最优目标。例如，CBD Now（见表4.3，B组）仅在5分钟内就可以为客户开设在线活期账户，并在24小时内向客户交付借记卡。英国 Monzo（见表4.3，A组）分析活期账户数据实时掌握客户消费习惯细节，并支持快速转账和优步（Uber）等其他日常服务。

市场营销方面。数字化银行通过特别直接和吸引眼球的网站和界面来提供金融服务，并以更符合年轻客户群偏好的方式向其提供服务。网站风格简约，这是为了优化手机和平板电脑的使用效果。部分网站提供菜单列表，以供银行客户浏览金融产品和服务清单，但是非银行客户对网站的使用会受到限制。大多数情况下，网站以图像为主，文本为辅。法律法规相关信息（如金融监管机构颁发的许可证、银行数据等）则被放置在特定的页面中，并以非正式方式向客户呈现。①

商业模式方面。数字化银行（包括欧洲银行和非欧洲银行）主要提供活期账户、支付服务和转账服务。贷款服务较少，因此信贷或交易对手的风险敞口有限（如表4.3所示）。这些数字化银行的主要业务活动与金融科技公司一样，利润取决于佣金，而不是存贷款息差。这种模式使数字化银行能够随时、灵活地重新定义和调整业务活动，同时其面临风险的有限性，也降低了对资金资源的需求。在一个由大型国际集团主导的金融市场竞争中，这些方面可能是重要的竞争优势。

进一步观察表4.3还可以发现其他问题。特别是独立运营的数字

---

① 例如，英国数字化银行 Atom 在其官网的"法律部分"页面展示了相关法律法规，也在网页上公布了金融监管机构授予牌照的相关情况。英国的数字化银行总是将上述内容以较小的字体显示在页面底部。

化银行（见表4.3，A组）更关注"基础"金融产品和服务（如活期账户和支付），而其他建立在银行集团或实体集团内部的数字化银行（见表4.3，B组和C组）则倾向于提供更多样化的金融产品和服务（如活期账户所有功能、贷款和融资服务、财富管理服务和保险等）。

鉴于此，建立独立运营的数字化银行（见表4.3，A组）实质上就是一个直接往来账户的管理问题，以便为客户提供支付和转账服务，并避免依赖其他银行的活期账户。至于其他数字化银行（见表4.3，B组和C组），其集团忠诚度使它们能够利用协同效应，从而吸引更广泛的客户。更具体地说，由大型科技公司建立的数字化银行（见表4.3，C组）是"专属"银行，旨在满足母公司客户的金融需求，并与集团内部其他金融公司或合作伙伴开展合作，以扩大服务范围。纳入银行集团的数字化银行（见表4.3，B组）也可以与集团内其他公司开展协同合作，但这些数字化银行可能被集团分配了特定的市场任务，如有效响应银行集团中其他公司未覆盖的特定客户群的金融需求，或优先使用线上渠道等。也就是说，银行集团中数字化银行的存在可以细分客户群体，将零售目标客户群委托给线上银行，提出促进金融产品和服务创新、扩大金融服务范围的技术解决方案，以更低的成本提供更为标准化的金融服务。

仔细观察表4.3，还能进一步发现各类数字化银行的具体特征。独立于银行集团或实体（工业/技术）集团运营的数字化银行（见表4.3，A组）是金融科技发展的一个重要特征，它们渴望成为创新型金融机构，能够利用最新的数字科技，快速、有效和低成本地响应客户的金融需求。作为一种特殊的金融科技公司，数字化银行拥有银行牌照，利用有利的竞争环境进入线上银行领域，并已经具备了凭借先进数字科技吸引新客户的能力,这些数字科技使它们能够在资金转移和支付业务等领域提供具有高成本效益的服务。

过去十年,不同国家建立了 11 家独立运营的数字化银行,8 家在欧洲,2 家在美国,1 家在巴西(见表 4.3,A 组)。在运营层面,数字化银行与实体银行卡系统之间建立了联系与合作,从而能够向客户提供活期账户和支付服务。此外,为了吸引客户,数字化银行通常还提供免费或低成本的活期账户和信用卡等基础金融服务。

数字化银行的业务还包括吸收存款,这是银行区别于其他信贷机构、支付机构和其他类型金融机构的特点。① 信贷服务通常采用金融科技贷款模式中广泛使用的"贷款证券化"模式(详见本书第二章)。例如,法国众贷平台 Younited Credit,它在欧洲市场面向个人客户提供贷款,然后通过专业投资机构的投资基金开展贷款证券化业务(见表4.3,A 组)。

进一步分析如表 4.3 A 组所示的案例,数字化银行与传统银行业务模式的区别更加明显。例如英国的 Revolut,它提供企业对企业(B2B)账户、加密货币账户和保险服务,并于 2018 年 12 月在欧洲获得了银行牌照。② 作为一家具有明显金融科技公司属性的数字化银行,Revolut 凭借数字科技不断扩大服务范围,其不仅能够提供基础金融产品和服务,

---

① 在欧盟,《资本要求条例》(Capital Requirement Regulation,CRR)对银行进行了定义(第 4 条,第 1 节,第 1 点)。"信贷机构"是指吸收公众存款或其他应偿还资金,并向其自身账户放贷的企业。此外,需要注意的是,欧洲央行(ECB,2018)发布的《欧盟"金融科技信贷机构"银行牌照授予指南》规定,银行在设立初期或在金融监管机构可以接受的期限内(一般为 12 个月)就必须具备吸收存款和放贷这两项职能。这突出了金融科技信贷机构与数字化银行之间的区别,到目前为止,数字化银行业务模式与银行业务的定义有时存在显著差异。

② 2019 年初,该公司在其官网上发布声明——该公司已经获得银行牌照,并将在几个月内成为一家全面运营的银行。为此,该公司已经开展了一系列测试(blog.revolut.com)。

第四章 金融数字化背景下的银行战略

也能吸收存款并放贷,还可以提供加密货币存款等服务。

以独立运营的数字化银行为例,深入分析其股权结构。在这些数字化银行成立时,其股东包括其他非金融公司、风险基金和私募股权基金。在某些情况下,传统银行可能直接对它们进行投资来获取股份①,或由其股东投资于风险基金间接获得数字化银行股份。例如,Crédit Mutuel Arkea 采用了前一种模式,该银行购买了法国银行 Younited Credit 的股份,而西班牙对外银行使用了后一种模式,西班牙对外银行是英国 Atom 银行的风险基金投资股东之一。

还需强调的是,某些情况下,传统金融机构也会先收购一家数字化银行,再将其并入银行集团(见表 4.3,B 组)。例如,美国银行 Simple,它提供活期账户和支付服务,其客户可以通过应用程序轻松实现支出控制功能。该银行于 2009 年成立,并于 2014 年成为西班牙对外银行集团的一部分。德国 Fidor 于 2009 年作为一家独立的数字化银行成立,2017 年被法国 BPCE 集团收购。② Fidor 的例子值得关注,因为法国 BPCE 集团成功地将数字化银行与社交媒体联系起来。客户在 Fidor 享受的利率水平,受到他们 Facebook 主页上获得"点赞"的数量、在银行社交平台上参与度的影响。

如表 4.3 中 B 组所示的数字化银行是在银行集团内部建立的。近年来这种方式在许多国家和地区日益盛行。正如我们所分析的,收购或建立"挑战者"银行可以有效回应一系列客户对银行业务的需求,这本质上与尽快填补技术缺口的诉求有关,即要求这些数字化银行对

---

① 由于传统银行有时并不公开报告其对独立运营的数字化银行的投资过程和具体金额。因此,难以确定和跟踪部分数字化银行的持股实体。

② 该银行是 Fidor 集团的一部分,与 Fidor 集团共同为网上银行和数字化银行服务开发并提供技术解决方案。详见网站 www.fidor.de/about–fidor/about–us。

数字化程度更高的客户需求做出及时回应，从客户细分的角度来看，该逻辑认为可以把银行集团中其他银行尚未服务过的零售客户转移给"挑战者"银行。

此外，银行集团实施数字化转型的解决方案仍在不断发展。例如，裕信银行在 2018 年推出了通过 iPhone 访问的 Buddybank 移动银行服务。Buddybank 并不是一家拥有独立银行牌照的数字化银行，因为它并未跟母公司一样持有银行牌照。Buddybank 的服务模式被裕信银行称为"对话式银行服务"，其不是简单地向客户提供银行业务或金融服务，而是能够在全球范围内向客户提供多样化的服务。[①] 基于此，裕信银行可以通过这种新的数字化渠道（Buddybank 移动银行应用程序）来提供金融产品和服务，即前文中提到的"白色标签"机制，客户通过 Buddybank 这一特定渠道来购买金融产品和服务，而裕信银行是金融产品和服务的实际提供方。

最后，表 4.3 的 C 组列出了前文（第三章）分析过的中国大型科技公司建立的数字化银行。这些数字化银行与其他银行的不同之处在于，它们设立的初衷是为了与母公司使用的支付平台（线上和线下）或其他数字渠道合作，为腾讯和阿里巴巴的核心业务提供金融服务。事实上，这些数字化银行为电商平台（阿里巴巴）和即时通讯软件（腾讯）的客户提供了支付和贷款服务。深圳微众银行和浙江网商银行能够利用互联网，向传统银行服务尚未覆盖地区的客户提供金融服务，甚至服务那些以前从未接触过实体银行的客户群体。此外，在客户同意的前提下，他们不仅可以通过这两家大型科技公司的数字化银

---

① 详见网站 www.buddybank.com/it/faq。

行（深圳微众银行和浙江网商银行）获得同一家银行的服务，还可以通过这两家大型科技公司已有的合作伙伴，从其他传统银行获取更多的金融服务。

参考文献

［1］ABA（American Bankers Association）. (2018). *The state of digital lending.*

［2］Barbagallo, C. (2018, October 9). *La riforma delle Banche di Credito Cooperativo: presupposti e obiettivi [The reform of the Cooperative Credit Banks: Assumptions and objectives].* Speech by the Director General for Financial Supervision and Regulation, Bank of Italy at the University of Naples "Parthenope".

［3］BIS – BCBS. (2018, February). *Sound practices. Implications of fintech developments for banks and bank supervisors.* Basel Committee on Banking Supervision—BIS. Retrieved March 27, 2019, from https://www.bis.org/bcbs/publ/d431.pdf.

［4］Bofondi, M. (2017). *Lending – based crowdfunding: Opportunities and risks.* Banca d'Italia Occasional Papers—Questioni di Economia e Finanza, No. 375/2017.

［5］Bofondi, M., & Gobbi, G. (2017). *The big promise of Fintech.* European Economy, 2, 107 – 119.

［6］Carbò – Valverde, F., Cuadro – Solas, P. J., & Rodríguez – Fernández, F. (2018). *How do bank customers go digital? A random forest approach.* Retrieved March 27, 2019, from https://papers.ssrn.com/

sol3/papers. cfm? abstract_id = 3195286.

[7] Das, S. (2019, March 25). *Opportunities and challenges of FinTech*. Keynote address by Mr Shaktikanta Das, Governor of the Reserve Bank of India, at FinTech Conclave 2019, organized by NITI Aayog, New Delhi.

[8] EBA. (2018, July 3). EBA *report on the impact of Fintech on incumbent credit institutions' business models*.

[9] ECB. (2018, March). *Guide to assessments of fintech credit institution licence applications*.

[10] EIB. (2016, June 20). *United Kingdom: EIB and Funding Circle announce groundbreaking £100 million investment into small businesses*. Retrieved April 28, 2019, from https://www.eib.org/en/press/all/2016 – 154 – eib – and – funding – circle – announce – groundbreaking – pound100 – million – investment – into – uksmall – businesses.htm.

[11] EIB. (2019, April 17). *Germany/Netherlands: Investment plan— EIB lends EUR 100 million to small businesses through Funding Circle platform*. Retrieved April 28, 2019, from https://www.eib.org/fr/press/all/2019 – 104 – ein – lends – eur100m – to – small – businesses – through – funding – circle – platform.

[12] European Commission. (2018, March 8). *Proposal for a regulation of the European Parliament and of the council on European Crowdfunding Service Providers (ECSP) for business*. COM (2018) 113 final, 2018/0048 (COD), Brussels.

[13] EY (Ernst & Young Global Limited). (2018). *Global bank-

ing outlook 2018—*Pivoting toward an innovation – led strategy*. Retrieved from ey. com/ bankinginnovation.

[14] Gomber, P., Kauffman, R. J., Parker, C., & Weber, B. W. (2017). *On the Fintech revolution: Interpreting the forces of innovation, disruption and transformation in financial services.* Retrieved March 27, 2019, from https: //ssrn. com/ abstract = 3190052.

[15] Hornuf, L., Klus, M. F., Lohwasser, T. S., & Schwienbacher, A. (2018, July). *How do banks interact with Fintechs? Forms of alliances and their impact on bank value.* Cesifo working paper, 7170. ISSN 2364 – 1428.

[16] IDC. (2016). *The digital – ready bank. How ready are European banks for a digital world.* IDC Financial Insights white paper.

[17] ING. (2018). *Annual report.* Retrieved March 31, 2019, from https: //www. ing. com/Investor – relations/Financial – Reports/Annual – reports. htm.

[18] OECD. (2018, February 22 – 23). *Enhancing SME access to diversified financing instruments.* Discussion paper. Mexico City, SME Ministerial Confer.

[19] PWC. (2018). *3 models for banks to start a digital transformation.* Retrieved March 27, 2019, from https: //blog. pwc. lu/3 – models – banks – start – digital – transformation/.

[20] Sperimborgo, S. (2016). *Banche e innovazione tecnologica. Come avere successo nella tempesta perfetta della rivoluzione digitale* [*Banks and technological innovation. How to succeed in the perfect storm of the digital*

revolution]. Bancaria, No. 12.

[21] Takeda, K. (2018, July 11). *Sony bank: Open banking accelerates new business value creation.* Fujitsu Journal. Retrieved March 27, 2019, from https: //journal. jp. fujitsu. com/en/.

[22] Tanda, A. (2018). *The digitalization of foreign banks, in AIBE – Consilia (2018), Foreign banks and financial intermediaries in Italy. The support to Italian economy in 2017.* Retrieved March 27, 2019, from https: //www. aibe. it/pubblicazioni/attivita – banche – estere/.

第五章　监管框架和措施

摘　要：金融科技公司往往倾向于在监管"灰色"地带开展业务活动，其受到的监管约束明显异于传统金融机构。在金融监管机构普遍持"观望"监管态度的背景下，经过激烈的讨论（仍在进行中），世界各国金融监管机构和国际金融监管机构开始考虑设计新的金融科技监管框架，其主要目的是消除监管套利空间，确保金融市场的稳定性和弹性，并为客户和投资者提供更高程度的保护。鉴于金融科技的普及性和创新性，金融监管机构在这一领域实现合作是新监管框架取得成功的关键。本章在梳理目前金融科技监管规定和措施的基础上，系统分析欧洲金融监管当局采取的主要监管行动。

关键词：公平竞争环境；监管套利；银行牌照；创新中心；监管沙盒

金融科技监管现状

有一种现象——金融科技公司在不平衡的监管环境中展业，类似或等效的业务活动受到不同法律框架的约束，有时甚至根本不受任何法律框架的约束。一些金融科技公司的成立是为了填补传统金融机构金融服务的"空白"地带，如P2P网络借贷（Zetzsche等，2017）。欧洲银行业管理局2017年的一份报告称，在欧洲开展业务的金融科技公司中，超过30%不受任何监管制度的约束。

这一现象的普遍存在以及各国金融科技发展程度的不同，导致了当前一系列金融监管框架共存的局面（BIS-BCBS，2018；EBA，2017）。有学者强调，金融科技的快速发展可能会改变传统金融机构和金融市场面临的风险状况，并有可能催生新的风险或扩大现有风险（EBA，2018c）。尽管如此，对于金融科技监管的必要性，国际上仍存在分歧（BIS-FSB，2017）。这就导致金融监管机构在作出是否采取监管行动的决策上较为缓慢（Enria，2018），并在一段时间内持"观望"态度（Arner等，2016；OICV-IOSCO，2017）。当出现新的、强有力的技术创新时，金融监管机构需要采取这种观望态度，因为需要在制定新金融监管规则之前充分观察新现象、评估新技术，直接扩展现有金融监管规则是不可能的，也是不可取的。此外，金融监管机构必须具备技术创新方面的专业知识，以便更清楚地了解金融产品创新和新商业模式的范围及可能引发的后果。①

需要强调的是，这种关于金融科技监管的观望态度也是一种理念的表现，即认为市场数字化的预期收益将超过风险（BIS-FSB，2017；Enria，2018；FSB，2017）。出于以下两个方面原因，对金融科技进行过早的监管干预被认为是不合时宜的。一方面，金融监管可能会降低金融市场的竞争、创新和发展潜力，阻碍技术创新在提高金融

---

① 纽约联邦储备银行（New York Federal Reserve）成立了一个由金融业代表、科技公司代表组成的金融科技咨询小组，以提高金融监管当局对金融科技创新相关专业知识的了解，并促进监管机构与金融机构的沟通（New York Fed，2019）。

第五章 监管框架和措施

产品可用性、渠道多样性、降低服务成本和提高服务效率等方面的优势（BIS – FSB，2017）。另一方面，考虑到金融科技未受监管的范围有限，金融科技产生的风险（较低的贷款门槛、顺周期影响和激进的定价策略等）被认为不足以产生系统性风险（FSB，2017）。

随着时间的推移，金融科技公司和大型科技公司的业务量持续增长，部分机构逐渐暴露出了监管套利和透明度不足的问题，进而引发了关于金融科技监管是否可取的辩论，因为这些问题正频繁地引发危机和欺诈事件。[①] 鉴于此，人们越来越相信规范的金融监管有利于维护金融市场的稳定和正常运转（Bofondi 和 Gobbi，2017；Vives，2017），也进一步认识到在国际层面协调法律法规对金融科技监管的重要性（Enria，2018；IMF，2018）。

人们逐渐认识到，不受监管的金融业务以及差异化金融监管框架共存的局面可能会增加金融市场风险，影响金融系统的正常运转和公平竞争环境条件，导致对客户和投资者的保障措施缺乏尊重（ESMA，2017a；IMF，2018）。此外，有学者强调，如果大型科技公司提供的金融服务不受审慎监管，那么这些公司的风险管理可能不如受监管的金融机构完善和有效，这可能构成市场风险（FSB，2019）。需要补充的是，根据法律规定，金融监管机构无权对不属于其监管范围内的主体进行检查或制裁。欧洲银行业管理局不久前开始关注这一"法律真空"地带，表示为了避免监管套利，尤其是考虑到众筹等业务可能产

---

① 有关某些风险案例的分析，请参见国际清算银行和金融稳定委员会（2017）相关研究，特别是美国、中国和瑞典金融科技信贷机构的风险案例基本都是由欺诈行为引发的。有关当前金融科技信贷法律竞争环境不公平的分析，请参见 Claessens 等（2018）的相关研究。

生的风险,赞成在欧洲层面(针对欧盟委员会、欧洲议会和欧盟理事会[①])制定统一的法律来开展金融监管(EBA,2015)。

目前,国际上普遍认为,有关金融创新的新法律框架的目标应该是减少监管套利,并提供与风险相对应的金融监管措施(IMF,2018)。同时,考虑到提升金融市场竞争力、增强金融包容性和实现渠道多样化对于金融业发展的重要性,保护储户和投资者权益显得尤为必要(BIS-FSB,2017;IMF,2018)。

欧洲的监管举措

欧洲关于金融科技监管的辩论突出了金融市场创新和数字化转型所面临的风险和机遇。在国际层面和欧洲层面上都有过关于金融科技监管相关法律问题的辩论。2018年,欧盟委员会发布了一项关于监管科技的行动计划(EC,2017、2018a),该计划拟从以下三个方面促进金融市场的竞争和创新:一是鼓励采用创新的商业模式;二是提高网络安全性和IT管理系统的弹性;三是支持采用新技术。

针对第一个方面,欧盟委员会制定了一系列法律干预措施,旨在制定与金融科技市场准入有关的法律,例如统一的许可标准。欧盟委员会还起草了一份关于众筹业务监管的提案,鼓励参与金融市场数字化的各机构之间开展沟通对话。从这个角度来看,欧盟委员会认为创建"创新助推器"(或创新中心)和"监管沙盒"是鼓励金融科技公司与传统金融机构和金融监管机构之间进行沟通交流的有效方式

[①] 欧盟理事会(European Union Council)是一个由来自欧盟成员国各国政府部长所组成的理事会,是欧盟的主要决策机构之一。

（EC，2018a）。目前，已有多个国家和地区开始实施有效的创新助推器和监管沙盒项目，澳大利亚、日本、中国香港和新加坡等国家和地区已经建立了创新中心和监管沙盒（BIS – BCBS，2018），这证明世界各国金融监管机构开始日益重视金融科技的监管。就欧洲而言，已有21个欧盟成员国和2个东欧国家以不同方式设立了创新中心，金融监管机构给予了不同的监管承诺（ESAs，2018a），旨在促进金融科技公司与传统金融机构和金融监管机构之间的交流。

另一方面，仅有部分欧洲国家和地区在开展监管沙盒测试。创建监管沙盒的目的在于促使金融产品和服务供给主体能够在特定环境中测试创新的商业模式、流程或产品，以评估其有效性、可持续性和风险。在监管沙盒测试过程中，金融监管机构按照与金融科技公司商定的方法开展监管，并对测试情况进行持续监控（ESAs，2018a）。虽然金融科技公司在金融市场上开展有限的、受监管的业务活动，但这并不意味着参与监管沙盒测试就可以免除或减轻法律负担和被监管义务。

监管沙盒实施方案在参与者、参与方法和具体目标等方面具有高度的多样性。一般来说，监管沙盒旨在提高金融科技公司对金融监管要求的认识，增加金融监管机构对技术创新的理解，并广泛地促进创新（ESAs，2018a）。例如，英国金融行为监管局（Financial Conduct Authority，FCA）授权金融科技创业公司"20│30"实施监管沙盒测试。通过与伦敦证券交易所（London Stock Exchange，LSE）开展合作，该公司于2019年4月在受监管的股票市场进行了首次证券代币发行试验，并将为获得授权交易的代币发行提供平台。[①] 伦敦证券交易

---

① 详见网站 https：//www.telegraph.co.uk/technology/2019/04/15/london – stock – exchange – accepts – first – listing – blockchain – token。

所证券代币发行和随后的交易，促使英国证券市场数字化在制度建设上迈出了第一步，这得益于证券数字化取消了与证券业务相关的大部分后台操作，并允许更广泛的资产证券化。①

欧盟委员会副主席在一次公开活动中谈论了监管沙盒（Dombrovskis，2019），他强调了监管沙盒和创新中心的重要性，并宣布于2019年4月2日启动欧洲促进创新网络计划（European Network of Innovation Facilitators），以促进欧洲各国金融监管机构之间的沟通协调，并允许参与该计划的公司在欧洲范围内更轻松地开展金融业务。

除上述举措外，欧洲金融监管机构还开展了一系列立法和金融监管举措，逐步勾勒出金融科技业务的监管框架。②

银行业务领域

金融科技促进了数字银行和金融科技信贷机构的诞生和发展。银行业务作为一项受监管的活动，无论技术水平或创新水平如何，都需要金融监管机构颁发的银行许可证。在欧洲，由各国金融监管机构和欧洲央行负责授权。鉴于金融科技公司取得银行许可证数量的持续增加，且一些国家金融监管机构对审核和发放银行许可证的程序持不同态度，欧洲央行认为有必要按照一定的指导方针进行干预。欧洲央行已经制定了金融科技信贷机构指南（ECB，2018a、2018b）、金融科技公司和传统信贷机构许可证颁发综合指南（ECB，2019），并依据这两个指南颁发银行许可证。

---

① 证券代币的特点和智能合约的出现，使传统证券交易中金融机构进行的一系列操作显得多余。
② 更多详细资料请参阅Barbagallo（2018）、Carstens（2018）和EBA（2017、2018a、2018b）的研究成果。

在 2018 年 3 月的一份文件中，欧洲央行将金融科技信贷机构定义为"以技术创新为基础，生产、交付信贷机构产品和服务的商业模式"（ECB，2018b）。欧洲央行发布的《金融科技信贷机构执照申请评估指南》中明确指出："通过优化组织结构、使用先进技术工具提供银行业务的平台，也需要遵守适用于传统银行机构的金融监管规定。"由于金融科技公司提供的金融服务具有特殊性且使用了大量的创新技术，其面临的风险难以进行准确评估（包括网络风险）。因此，欧洲央行可能在授权阶段对金融科技公司的组织、资产或治理提出额外要求（ECB，2018a、2018b、2018c），对于希望将业务扩展到银行业务领域的金融科技公司，需要遵守资产和治理规定，并进行严格的内部控制。因此，申请银行业务许可证的金融科技公司必须保证其业务模式符合法规、具备治理能力和可持续性。

P2P 借贷和股权众筹

2017 年，欧洲银行业管理局强调，金融科技信贷机构经常在法律框架之外开展业务活动。国际清算银行发布的金融科技信贷监管现状报告提出了多种监管方法（Claessens 等，2018）。目前，监管政策发展的方向是加强对金融科技行业的监管。例如，巴西和墨西哥在 2018 年初基于平台法规执行特定贷款规定，西班牙、英国和瑞士从 2019 年起执行平台最低资本金要求（Claessens 等，2018）。

在欧洲，意大利是最早监管 P2P 借贷的国家之一。意大利中央银行从 2017 年开始执行一项针对非银行主体吸储行为的规定（Banca d'Italia，2016）。该规定针对 P2P 借贷进行了明确约束，避免其进入信贷业务领域。P2P 借贷平台必须遵守关于吸收即期存款的禁令，并允许签订基于沟通的个性化合同，借款人和贷款人可以参与制定合同条款，而平台则仅限于提供支持、辅助完成信贷交易行为的活动。当出现上述情况之外的情形时，如由平台本身提供贷款（或提供一部分贷款）时，即平台充当了信贷中介，那么，该平台则必须拥有开展相关业务的许可证（如消费信贷和保理业务许可证）。

在股权众筹领域，意大利是世界范围内最早制定相关监管法规的国家之一（OICV–IOSCO，2017）。事实上，早在2013年，意大利金融市场管理局（Consob）就发布了适用于在线门户管理和资本募集的法规，明确规定了股权众筹机构的准入标准及其运营模式。[①] 自2013年以来，在意大利提供股权众筹业务的平台必须获得意大利金融市场管理局的许可并进行注册。随后，其他国家也先后制定了股权众筹平台的运营规则和保护投资者的相关法律，包括：对散户投资者的投资限制；保护投资者在规定期限内退出投资的权利；禁止平台通过自己的网站提供投资建议和出现强制性行为（OICV–IOSCO，2017）。

欧洲范围内，金融科技监管碎片化带来的问题促使欧洲金融监管机构制定了统一的政策进行监管干预。在《巴厘岛金融科技议程》（Bali FinTech Agenda）的倡议中，国际货币基金组织（International Monetary Fund，IMF）强调需要调整金融监管框架和措施（IMF，2018），以适应金融科技的创新，促进金融市场有序稳定发展，防控金融风险，全面提升金融消费者的信任度。根据国际货币基金组织的意愿，欧盟委员会于2018年3月发布了第一版监管政策，旨在制定一个更清晰的金融监管框架。

---

① Consob 于2013年发布法规，并在2016年和2017年进行了修订（Consob，2017）。

第五章 监管框架和措施

鉴于此，欧洲金融监管机构选择制定具体的众筹法规，这不同于受监管的金融机构和金融市场适用的规则。① 这项监管法规要求贷款和股权众筹平台启动内部治理，以提高透明度，确保了解投资者金融知识水平及其承受损失的能力。这项法规最初旨在授权众筹平台开展业务，使这些平台能够在标准化法律环境中工作，并且有机会在所有欧盟成员国相互承认的条件下运营（EC，2018b）。在随后的修订过程中，删除了将众筹平台置于欧洲证券和市场管理局（European Securities and Markets Authority，ESMA）监管之下的要求，并完成了其他修订内容（欧洲议会经济和货币事务委员会，2018b，如表5.1所示）。总体而言，修订后的法规保留了建立监管框架的初衷，规定平台的最低资本金要求，并设定最高投资门槛（出于保护散户投资者的目的）。此外，该法规还涉及了首次代币发行的相关议题（阐明了相关风险）。

表5.1 欧洲众筹监管法规（修订稿）

监管规定	主要内容
监管制度、保护措施和监督行动	
平台阈值	将平台阈值从初稿中的100万欧元（使用欧洲法规中招股说明书的阈值）提高到800万欧元；考虑到某些成员国目前设置了更高的门槛，欧盟委员会认为与招股说明书规定的限额相比，保持较低的众筹门槛可能会降低众筹的吸引力
金融监管机构对平台和金融机构的监管	与初稿不同的是，修订稿将监管责任赋予了各国金融监管机构。各国金融监管机构应在统一框架下开展监管，并向欧洲债券与市场管理局报告；该法规授予第三方众筹平台在欧洲开展业务的机会，并以此证明其符合欧洲针对众筹平台制定的标准

---

① 欧盟法规2017/1129、《公开招股说明书》、《允许在受监管市场进行证券交易的声明》等相关文件规定免除发行金额低于规定最低阈值的义务。欧盟委员会（2018b）提出了800万欧元的门槛，根据法律规定，低于该门槛进入众筹平台的中小企业不得被视为公开股发行人。

续表

监管规定	主要内容
监管制度、保护措施和监督行动	
根据商业模式匹配制度	为更便利的平台（便于投资者和项目方匹配）和更先进的平台提供差异化制度
散户最大投资阈值	目前尚未确定单一额度，但已设定年度和单次投资限额
平台义务	
最低资本金	该法规规定了最低资本或保险合同，以涵盖因未能满足法律要求而可能产生的损害
项目违约率	披露平台资助项目的违约率
尽职调查和项目评估	众筹平台必须检查以下方面： 未能遵守商业、破产、金融服务、反洗钱、欺诈和专业责任相关的法律，但未被定罪的情况； 在平台上推广项目的公司总部不得位于非合作国家、高风险国家或不符合欧盟或国际透明度和信息交换标准的国家
信息披露	在可能的情况下，推广项目的公司必须公布其盈利能力、流动性和效率相关信息；平台必须检查数据的真实性，并以可比较的形式进行发布
首次代币发行	计划进一步明确了涉及首次代币发行的操作规范和平台标准，并制定了消费者保护工具；关于首次代币发行主题，修订稿再次提供了相关业务和工具的正式定义，并明确了风险（市场、欺诈和网络安全风险）

资料来源：根据欧盟委员会（2018b）和欧洲议会经济和货币事务委员会（2018a，2018b）资料整理。

财务咨询和投资服务

金融市场的数字化促进了咨询业务和数字化资产管理服务的发展。尽管通过先进的技术工具提供金融服务（如智能投顾），但这些业务活动仍受传统投资咨询业务监管规定的约束（如《欧盟金融工具市场指令》）或《另类投资基金经理指令》（Alternative Investment Fund Managers Directive，AIFMD）。其中，为满足客户投资需要而制定的特定金融工具也在监管范围内。

因此，在这种情况下，监管挑战并不在于厘清这些法规是否适用于金融科技监管（如金融科技公司若要开展受监管的活动，必须被授权成为金融机构；或者如果金融科技公司若要提供独立的财务咨询，则其必须正式注册为独立的咨询机构，AA.VV，2019）。这一领域真正关键的问题是并非所有在投资领域展业的金融科技公司都公开向客户提供财务咨询和投资服务（EBA，2018c）。某些金融科技公司通过机器人建议或算法提出理论投资组合建议，客户可以根据自己的特点（提供算法的数据）来制定符合自身需求的投资组合。某些金融科技公司提供技术工具（如平台或应用程序），使投资者能够复制在同一平台上注册的其他交易员的策略（所谓的复制交易）。在这种情况下，虽然这些金融科技公司不直接提供咨询和投资建议，但其确实在引导客户投资决策方面发挥了作用（ESAs，2016），同时不受金融监管的约束，也不必遵守通常为保护投资者而制定的规定（包括投资者适当性、透明度、准确性和利益冲突披露等）。

对于被认为特别具有创新性的智能投顾，欧洲金融监管机构一再强调，此类产品和服务在产品创新和服务供给的各个阶段都需要遵守相关法律和标准，包括产品管理、各种渠道的营销和分销（包括网络渠道和物理渠道）以及售后保障（最重要的是投诉管理）等阶段（ESMA，2017b、2018）。欧洲金融监管机构非常重视这一业务领域的监管，强调要厘清此类解决方案的潜在好处及其相关风险，为制定具体的监管法律法规提供依据（ESAs，2015、2016；EBA，2018c）。此外，还强调了与以下因素相关的智能咨询服务可能会产生风险：一是透明度有限，向投资者提供的信息不足以作为其投资决策的依据；二是由于算法偏差导致的工具功能性错误；三是人为操纵攻击和网络攻击；四是与资产配置过程中低信息透明度相关的法律风险；五是由于服务合作方之间（如金融科技公司和银行）缺乏明确协议而产生的法律风险；六是不同的投资者纷纷使用智能顾问服务取代人力顾问，导致特定金融工具带来市场导向风险（ESAs，2016、2018c）。

此外，欧洲金融监管当局（欧洲证券与市场管理局、欧洲银行业管理局和欧洲保险和职业养老金管理局①，三家监管机构统称为 European Supervisory Authorities，ESAs）提出尽管有时金融机构会与专门从事智能投顾研发的金融科技公司合作（包括通过"白名单"机制），但智能投顾服务目前主要还是由授权的金融机构提供（ESAs，2018c）。考虑到智能投顾服务增长缓慢、金融监管机构担心的风险尚未出现等因素，欧洲金融监管当局认为目前不需要针对智能投顾制定具体的法规（ESAs，2018c）。尽管如此，金融监管机构对智能投顾领域的关注度仍然很高，持续监控智能投顾市场的发展，尤其关注投资者面临的潜在风险（ESMA，2018；EBA，2018c）。

支付业务

金融科技最先在支付领域兴起，从提供服务主体数量和交易量来看，支付领域仍然是目前金融科技活动最为活跃的领域之一。就现行法律法规而言，金融科技公司和大型科技公司从展业伊始就必须申请许可证，因为法定货币支付转移业务是金融中介机构的专属权利。在欧洲，大型科技公司（总部位于欧洲）设立的金融科技子公司必须要在欧盟成员国获得许可证后，才可以凭借"欧洲护照"在整个欧盟范围内提供服务。

被授权为支付机构或电子货币机构（Electronic Money Institution，

---

① European Insurance and Occupational Pensions Authority, EIOPA.

ELMI）的实体、依赖授权第三方（支付机构或电子货币机构）的实体都可以在支付领域提供服务。在支付领域，《支付服务指令2》的生效是一项重大突破，为银行业开放开辟了道路（EBA，2018b）。此外，该指令允许第三方支付服务机构（Third Party Payment Service Providers，TPP）在活期账户持有人同意的情况下访问与银行客户活期账户相关的数据，但是，这仅适用于受监管的第三方支付服务机构（EBA，2018b；Schena等，2018；Scopsi，2018）。正如第二章所述，监管法律、数据自由跨境流通和信息处理安全的法规（《通用数据保护条例》），将对金融领域内基于数据（信息）的个性化服务竞争格局产生重大影响。

然而，有关数据处理和支付业务的新法律可能也为银行提供了新的机遇，因为银行可以在客户许可的情况下，访问其他金融科技公司或大型科技公司持有的客户信息。通过这种方式，传统金融机构可能基于客户信息、大数据快速高效地设计和提供更具个性化的产品和服务，这对客户而言也是有利的。

虚拟货币

就虚拟货币而言，国际竞争环境和监管环境并不公平，主要是因为目前虚拟货币对宏观经济的影响、对中央银行的影响、与法定货币置换的风险尚未完全显现（Lastra和Allen，2018；Claeys等，2018）。同时，虚拟货币本身也存在固有风险。事实上，与货币政策传导机制有关的潜在风险仍然是金融监管机构关注的热门话题[①]。同时，对于

[①] 如果货币资源开始从银行账户流向虚拟钱包或其他媒介，则会出现由监管框架之外的机构提供支付服务的情况，可能对中央银行法定货币支付体系产生影响，从而降低中央银行货币政策的传导效力（European Parliament，2016）。

金融监管机构而言，在潜在风险爆发前，就对其采取超前处置和防范是很难执行的。①

日本央行对加密货币采取了主动的监管措施，2017年，比特币的合法性在日本金融市场中得到了承认。② 同样，瑞士金融市场监管局（Swiss Financial Market Supervisory Authority，FINMA）承认以数字货币形式提供的银行产品和服务，并对首次代币发行开展监管（FINMA，2018）。直到2017年，虚拟货币才被允许在中国使用，但其合法性一直未得到中国金融监管机构的承认。随后，中国人民银行认为虚拟货币缺乏法律依据，禁止虚拟货币作为货币进行使用和流通，并叫停了首次代币发行（中国人民银行，2017）。同时，为了禁止虚拟货币市场发展，中国关闭了使用虚拟货币的平台，并对平台进行了制裁，但部分平台依然通过外国网站和离岸平台继续开展交易（Reuters，2018）。

在这一领域，欧盟的做法较为谨慎，虽然虚拟货币没有被定义为非法货币，但却被视为一种高风险资产（ECB，2012；EBA，2014；ESAs，2018b；EP，2016）。考虑到与虚拟货币波动性和有限流动性有关的风险，以及虚拟货币平台目前不受监管或反洗钱法律的约束等因素，欧盟认为虚拟货币可能演变成为非法货币，从而引发逃税、欺诈等现象，鉴于此，欧洲金融监管机构呼吁客户要谨慎投资虚拟货币

---

① 中国的监管举措提供了一些有趣的视角。中国原本是全球主要的加密货币市场之一，可以自由发展加密货币。但在2017年，中国金融监管机构决定禁止首次代币发行，不允许流通和使用未确认其合法价值的虚拟货币。事实证明，这项决定是很难实施的，因为面对禁令，借助外国网站和离岸平台进行的虚拟货币交易依然存在。

② 2018年，在一次严重的网络攻击中，投资者遭受巨大损失。日本金融监管机构针对两个加密货币平台进行了处罚，取消其在加密货币领域的运营资格，并要求另外八个加密货币平台在反洗钱政策条款方面作出重大改进（Financial Times，2018）。

（ESAs，2018b；Underwood，2018）。此外，为了防止金融系统被滥用于洗钱或资助恐怖主义，欧盟理事会和欧洲议会专门针对虚拟货币制定了监管指令（2018/第843号），强调欧盟成员国有义务在2020年1月之前将数字货币纳入监管法律框架。在欧盟委员会的要求下，欧洲银行业管理局于2019年实施的监管措施也表明这一领域亟须被纳入监管框架。同时，欧洲银行业管理局提出，某些成员国正在考虑针对加密资产平台、虚拟货币钱包和加密货币活动（如投资或证券代币）进行立法，而某些成员国已经开展了相关立法。对于欧洲银行业管理局而言，这些非标准化条款有可能导致欧洲加密资产监管法律框架不一致，从而产生潜在的监管套利。此外，欧洲银行业管理局认为，虽然欧洲加密货币的发展有限，但使用加密货币带来的相关风险隐患依然很大。因此，为了保护金融消费者，维护市场弹性和完整性，并保证公平竞争环境，就有必要制定标准化的方法来监管虚拟货币（EBA，2019）。

最后，虚拟货币及其隐含的金融工具应当受欧洲证券和市场管理局（ESMA，2017c）、英国金融行为监管局（FCA 2017a，2017b，2017c）制定的金融工具法约束。据此，美国金融监管机构（证券交易委员会，United States Securities and Exchang Commission，SEC）已将首次代币发行纳入其监管职权范围内，且已多次实行监管干预，例如叫停欺诈性首次代币发行、对不透明平台进行处罚等。[①]

参考文献

[1] AA. VV.（2019，January）. *La digitalizzazione della consulenza*

---

① 详见美国证券交易委员会官网，https://www.sec.gov/ICO。

in materia di investimenti finanziari [*Digitalisation in financial advice for financial investments*]. Quaderno FinTech, No. 3.

[2] Arner, D. W., Barberis, J., & Buckley, R. P. (2016). The evolution of FinTech: New post – crisis paradigm. *Georgetown Journal of International Law*, 47 (4), 1271 – 1320.

[3] Banca d'Italia. (2016, November 8). *Provvedimento recante disposizioni per la raccolta del risparmio dei soggetti diversi dalle banche* [*Provisions for the collection of savings from parties other than banks*].

[4] Barbagallo, C. (2018, July 23). *Fintech and the future of financial services.* Speech by the Director General for Financial Supervision and Regulation, Bank of Italy at the International Summer School Banking & Capital Markets Law, Milan.

[5] BIS – BCBS. (2018, February). *Sound practices. Implications of fintech developments for banks and bank supervisors.* Basel Committee on Banking Supervision—BIS. Retrieved March 27, 2019, from https://www.bis.org/bcbs/publ/d431.pdf.

[6] BIS – FSB. (2017, May 22). *FinTech credit: Market structure, business models and financial stability implications.* Report prepared by a Working Group established by the Committee on the Global Financial System (CGFS—Bank of International Settlement) and the Financial Stability Board.

[7] Bofondi, M., & Gobbi, G. (2017). The big promise of Fintech. *European Economy*, 2, 107 – 119.

[8] Carstens, A. (2018, December 4). *Bigtech in finance and new*

challenges for public policy. Keynote address by the General Manager, Bank for International Settlements, FT Banking Summit, London.

[9] Claessens, S., Frost, J., Turner, G., & Zhu, F. (2018, September). Fintech credit markets around the world: Size, drivers and policy issues. BIS *Quarterly Review*.

[10] Claeys, G., Demertzis, M., & Efstathiou, K. (2018). *Cryptocurrencies and monetary policy*. Monetary Dialogue July 2018—European Parliament; this study was provided by Policy Department A at the request of the European Parliament's Committee on Economic and Monetary Affairs. Retrieved March 27, 2019, from http://www.europarl.europa.eu/committees/en/econ/monetary-dialogue.html.

[11] Consob. (2017). *Regolamento sulla raccolta di capitali di rischio tramite portali on-line—Adottato con delibera n. 18592 del 26 giugno 2013 e Aggiornato con le modifiche apportate dalla delibera n. 20204 del 29 novembre 2017 [Regulation on the collection of risk capital through online portals—Adopted with resolution no. 18592 of June 26, 2013 and updated with the changes made by resolution no. 20204 of 29 November 2017]*.

[12] Dombrovskis, D. (2019, February 26). Speech by the vice-president of European Commission at the Afore Consulting—3rd Annual Fintech Conference, Brussels.

[13] EBA. (2014, July 4). *Opinion on "virtual currencies"*. EBA/Op/2014/08.

[14] EBA. (2015, February 26). *Opinion of the European banking authority on lending-based crowdfunding*. EBA/Op/2015/03.

[15] EBA. (2017, August 4). *Discussion paper on the EBA's approach to financial technology (FinTech)*. EBA/DP/2017/02.

[16] EBA. (2018a, March 15). *The EBA's fintech roadmap, conclusions from the consultation on the Eba's approach to financial technology (Fintech)*.

[17] EBA. (2018b, July 3). *EBA report on the impact of Fintech on incumbent credit institutions' business models*.

[18] EBA. (2018c, July 3). *EBA report on the prudential risks and opportunities arising for institutions from Fintech*.

[19] EBA. (2019, January 9). *Report with advice for the European Commission on crypto – assets*. EBA Report.

[20] ECB. (2012, October). *Virtual currency schemes*.

[21] ECB. (2018a, March). *Guide to assessments of licence applications. Licence applications in general*.

[22] ECB. (2018b, March). *Guide to assessments of fintech credit institution licence applications*.

[23] ECB. (2018c, June). *Survey on the access to finance of enterprises in the euro area*.

[24] ECB. (2019, January). *Guide to assessments of licence applications, licence applications in general*.

[25] ECON. (2018a). *Draft report, Ashley Fox, European Crowdfunding Service Providers (ECSP) for business proposal for a regulation*. [COM (2018) 0113—C8 – 0103/2018—2018/0048 (COD)].

[26] ECON. (2018b). *Draft report, Caroline Nagtegaal*

(PE625.579v01-00), *markets in financial instruments, proposal for a directive*. [COM（2018）0099—C8-0102/ 2018—2018/0047（COD）].

［27］Enria, A. (2018, March 9). *Designing a regulatory and supervisory roadmap for FinTech*. Speech by the Chairperson of the European Banking Authority（EBA）, Copenhagen Business School.

［28］ESAs. (2015, dicembre 5). *JC discussion paper（DP）on automation in financial advice*. JC 2015 080.

［29］ESAs. (2016). *Report on automation in financial advice*. Retrieved March 27, 2019, from https：//esas-joint-committee.europa.eu/Publications/Reports/EBA% 20BS% 202016% 20422% 20（JC% 20SC% 20CPFI% 20Final% 20Report% 20on% 20automated% 20advice% 20tools）.pdf.

［30］ESAs. (2018a). *FinTech：Regulatory sandboxes and innovation hubs*. JC 2018 74. Retrieved March 27, 2019, from https：//eba.europa.eu/documents/10180/2545547/JC+2018+74+Joint+Report+on+Regulatory+Sandboxes+and+Innovation+Hubs.pdf.

［31］ESAs. (2018b). *Warning—ESMA, EBA and EIOPA warn consumers on the risks of virtual currencies*. Retrieved March 27, 2019, from https：//www.esma.europa.eu/press-news/esma-news/esas-warn-consumers-risks-in-buying-virtualcurrencies.

［32］ESAs. (2018c, September 5). *Joint Committee report on the results of the monitoring exercise on 'automation in financial advice'*. JC 2018-29.

［33］ESMA. (2017a, June 7). *ESMA response to the commission consultation paper on Fintech：A more competitive and innovative financial* sector. ESMA50 - 158 - 457.

[34] ESMA. (2017b). *MiFID II e protezione degli investitori—consulenza e valutazione di adeguatezza* [*MiFID II and investors protection—Financial advice and adequacy evaluation*]. Speech by Gnoni S., Investor Protection and Intermediaries—ESMA.

[35] ESMA. (2017c, December 15). *Statement on preparatory work of the European securities and markets authority in relation to CFDs and binary options offered to retail clients.* ESMA71 - 99 - 910.

[36] ESMA. (2018). *Guidelines on MiFID II product governance requirements.* ESMA 35 - 43 - 620.

[37] European Commission. (2017, March 23). *Consultation document—FinTech: A more competitive and innovative financial sector.*

[38] European Commission. (2018a). *FinTech action plan: For a more competitive and innovative European financial sector.* COM (2018) 109/F1.

[39] European Commission. (2018b, March 8). *Proposal for a regulation of the European Parliament and of the Council on European Crowdfunding Service Providers (ECSP) for business.* COM (2018) 113 final, 2018/0048 (COD), Brussels.

[40] European Parliament. (2016). *Resolution of 26 May 2016 on virtual currencies (2016/2007 (INI)).* P8 - TA (2016) 0228.

[41] FCA. (2017a, April). *Discussion paper on distributed ledger technology (DP17/3).* https://www.fca.org.uk/publication/discussion/dp17-03.pdf.

[42] FCA. (2017b, September 12). *Consumer warning about the risks of initial coin offerings ('ICOs'), statements*. Retrieved March 27, 2019, from https://www.fca.org.uk/news/statements/initial-coin-offerings.

[43] FCA. (2017c, November 14). *Consumer warning about the risks of investing in cryptocurrency CFDs*. Retrieved March 27, 2019, from https://www.fca.org.uk/news/news-stories/consumer-warning-about-risks-investing-cryptocurrency-cfds.

[44] Financial Times. (2018, March 8). *Japan suspends trade on 2 cryptocurrency exchanges*. Retrieved March 27, 2019, from https://www.ft.com/content/24f818e8-2276-11e8-9a70-08f715791301.

[45] FINMA. (2018, February 16). *Guidelines for enquiries regarding the regulatory framework for initial coin offerings (ICOs)*.

[46] FSB. (2017, June 27). *Financial stability implications from FinTech, supervisory and regulatory issues that merit authorities' attention*.

[47] FSB. (2019, February 14). *FinTech and market structure in financial services: Market developments and potential financial stability implications*.

[48] IMF. (2018, October). *The Bali Fintech Agenda*. IMF policy paper. Retrieved March 27, 2019, from http://www.imf.org/external/pp/ppindex.aspx.

[49] Lastra, R. M., & Allen, J. G. (2018). *Virtual currencies in the Eurosystem: Challenges ahead*. Monetary Dialogue July 2018—European Parliament; this study was provided by Policy Department A at the request of

the European Parliament's Committee on Economic and Monetary Affairs. Retrieved March 27, 2019, from http://www.europarl.europa.eu/committees/en/econ/monetary–dialogue.html.

[50] New York Fed. (2019, March 22). New York Fed launches Fintech advisory group. *Press Release*. Retrieved March 27, 2019, from https://www.newyorkfed.org/newsevents/news/aboutthefed/2019/20190322.

[51] OICV–IOSCO. (2017, February). *IOSCO research report on financial technologies (Fintech)*. PBC. (2017). *Public notice of the PBC, CAC, MIIT, SAIC, CBRC, CSRC and CIRC on preventing risks of fundraising through coin offering*. Retrieved March 27, 2019, from http://www.pbc.gov.cn/english/130721/3377816/index.html?_hstc=172477884.47f4fea8ab884286c11d72f5acbded2a.1512086400087.1512086400088.1512086400089.1&_hssc=172477884.1.1512086400090&_hsfp=528229161.

[52] Reuters. (2018, June 1). *China steps up regulation of fast–growing money market funds*. Retrieved January 15, 2018, from https://www.reuters.com/article/us–china–bitcoin/pboc–official–says–chinas–centralized–virtual–currency–trade–needs–to–end–source–idUSKBN1F50FZ.

[53] Schena, C., Tanda, A., Arlotta, C., & Potenza, G. (2018, March). *The development of FinTech. Opportunities and risks for the financial industry in the digital era*. Consob—FinTech papers, no. 1. Retrieved March 28, 2019, from http://www.consob.it/web/area–pubblica/ft1.

[54] Scopsi, M. (2018). *The expansion of big data companies in the financial services industry, and EU regulation*. IAI papers 19/06.

[55] Underwood, B. D. (2018, September 18). *Virtual markets integrity initiative.* Office of the New York State Attorney General.

[56] Vives, X. (2017). The impact of Fintech on banking. *European Economy*, 2, 97–105.

[57] Zetzsche, D. A., Buckley, R. P., Arner, D. W., & Barberis, J. N. (2017). *From FinTech to TechFin: The regulatory challenges of data-driven finance.* EBI working paper series, No. 6.

第六章 金融市场数字化场景、机遇和挑战

摘　要：金融科技革命改变了金融市场发展轨迹，使其进入一个不可逆的数字化转型大趋势。无论是金融科技公司、大型科技公司还是新型金融机构，均开始致力于开展产品、服务和业务流程的创新。源于金融服务领域创新商业模式的竞争压力，传统银行不得不对其金融产品和服务进行重新考量。对于传统银行（尤其是中小银行）而言，大型科技公司和金融科技公司虽然带来了巨大的竞争压力，但也创造了新的合作机会。未来，银行业务模式的发展将受到金融监管机构采取的监管措施的影响。这些监管措施的目的应该是促进公平竞争，确保金融稳定并加强金融消费者保护。

关键词：金融科技；大型科技公司；信息；银行商业模式；数字化

金融科技革命和信息的关键作用

在银行业务领域，与传统金融机构相较，金融科技革命主要体现在各类创新型金融机构采用的多样化战略方法和商业模式方面。目

前,金融科技革命是卓有成效的,已经开始填补传统银行尚未完全覆盖的"空白"金融服务领域。

首要因素是,在数据驱动型经济中,向客户提供金融服务的信息质量及其处理方式至关重要。将人工智能系统与大数据技术相结合可以显著提高数据分析的速度和效率,并降低成本,为客户财务决策提供技术支持。但是,金融科技利用人工智能算法确定风险类别的方式缺乏透明度,令人们对这些算法的质量和准确性提出疑问。因此,从金融消费者的角度来看,这些算法的有效性也备受质疑。一方面,金融风险通常最终由客户承担,而不是由金融科技公司承担;另一方面,大型科技公司存储了海量的数据,并在满足所有类型客户需求的基础上寻求垄断。[①]

正如德国联邦金融监管局(The Federal Financial Supervisory Authority,BaFin,2018)所强调的,"明确消费者数据主权能够增强'大数据+人工智能'创新的信任度"。在可能的情况下,"确保依法和按照事先约定的方式来使用消费者数据,可以获得和维护消费者信任。而要实现这一目标,除了使用匿名分析的技术方法外,还可以通过明确消费者数据主权这一方法,即只有在消费者充分了解使用数据的潜在影响和后果、获得控制其数据使用方式的可靠选项且拥有实际选择权的情况下,消费者才能作出主权决定,而金融机构需要确保满足上述要求"。

客户的选择自由和选择能力是一个特别重要的问题,涉及零售客户市场细分领域的专业金融知识,由于这部分细分市场通常会包括新

---

① 这一议题提出了许多与数据保护、隐私保护以及大数据"管理者"使用信息适当性相关的内容,也包括与完全竞争相关的议题(EC,2017)。

型金融机构，因此，也要考虑到新型金融机构通常不受旨在保护客户利益的行为准则的约束这一问题。当前客户面临的风险主要在于金融科技创新的预期收益实际上只是口头上的[①]，并可能催生"信息寡头"，导致金融机构在不考虑客户实际需求的情况下引导客户进行选择。此外，考虑到大型科技公司在先进科技可用性方面的竞争优势，想要将这一风险最终追溯到大型科技公司，可能会变得异常困难。

在美国参议院（United States Senate）就金融科技举行的听证会上，美国康奈尔大学（Cornell University）法学院教授奥马罗娃（Saule Omarova）认为："通过大规模放松管制，激励银行与数据挖掘公司建立伙伴关系可能会产生相当大的风险——撇开银行与商业相分离的原则不谈（美国《商业银行法》中的一个基本原则），这种战略将允许银行和零售企业建立更加紧密的关系，可能导致金融系统、经济体系力量的过度集中，使那些控制着资金和信息的企业集团能够从更深层次控制我们的经济行为和日常生活（2018）。

法律和监管挑战

与金融科技创新、金融市场发展相关的法律框架非常重要。现行法律体系并不能将所有金融科技的运营创新纳入金融监管之下，且在国际层面也并未形成统一的监管标准。这为监管套利留下了空间，从而使金融科技公司能够在许多情况下在上文提到的运营领域中完全逃

[①] Omarova（2018）强调："今天，金融创新和消费者的相同选择让我们想起了2008年的金融危机。回过头来看看当前关于金融科技政策的争论……新技术的发展应用承诺能够使金融系统更高效、更有弹性、更加民主；能够扩大消费者选择范围；能够让低收入美国人享受金融服务。"

避所有形式的金融监管。

迄今为止，金融监管机构普遍认为金融科技的发展不会带来系统性金融风险。然而，中国金融科技发展的经验却表明：一方面，金融科技可能为金融系统带来持续的风险；另一方面，投资者保护的缺位不仅会对个人客户产生影响，还会影响储蓄保障，更会对金融体系有效引导金融资源支持经济发展的能力产生负面作用。

另外，金融数字化突破了地域边界，在没有形成"超国家"范畴的金融监管框架时，单个国家在金融监管领域的努力就显得效力不足。由于各种原因，"超国家"范畴的金融监管框架难以实现，在这种情况下，欧盟已开始尝试根据欧盟委员会的行动计划（2018）更新完善其法律框架。我们认为，这对于增强金融消费者保护、提高金融消费者对金融服务主体的信任度、促进金融市场进一步发展是非常重要的。目前的法律框架仍然局限于某些特定的业务领域，尚未对同类型金融业务活动采取同样的监管措施，而是针对同类型的金融服务主体进行同样的监管。

金融监管机构应该努力建立一个公平的竞争环境，保护金融消费者的权益并保障金融体系的稳定运行。同时，应开展持续的法律框架变革以适应数字化带来的挑战，进而形成可行的、可持续的金融业务模式。

新的业务模式与传统金融机构的未来角色

前文解释了金融机构之间如何在公平竞争环境中形成了当前的竞争格局，以及银行的战略选择如何受到监管框架所定义的标准和约束的影响。在现实操作过程中，银行根据市场和科技创新制定战略，必须明确能够产生长期价值、经济可持续性和法律合规性的业务模式。①

金融科技公司在金融业务拆分和重组的基础上形成了强大的创新能力，使其能够快速响应客户的金融需求，并提供更为便捷的金融服务。从大型科技公司的战略选择来看，核心业务强化战略和业务多样化战略已经出现。在提供金融服务的过程中，大型科技公司都能够与整合的客户群实现互动，能够使用和详细分析可用的大数据，能够实现技术和运营解决方案的动态调整，能够实时关注客户的满意度，这极大地提升了大型科技公司的金融服务能力，使其成了传统大型银行的竞争对手。

需要强调的是，与金融科技公司相较，大型科技公司已经与传统银行建立了一系列更深层次的合作关系，这可能帮助其在未取得银行牌照的情况下，依然能够符合金融监管的要求。事实上，中国的大型科技公司在其集团内部创建了银行和其他金融公司的同时，也继续与传统银行开展合作。这种方法使大型科技公司能够提供有效的"集成平台"，使客户可以在该平台上从各类型金融机构购买金融服务。此外，大型科技公司也可以通过其他金融机构向客户销售自己的金融产品和服务。

我们对新成立的数字化银行也进行了思考和分析。首先，独立的数字化银行与其他金融科技公司一样，其业务模式与传统银行采用的

---

① 业务模式的可持续性问题（短期和长期）是欧洲金融监管机构关注的重点议题。2016年，欧洲金融监管机构已经将业务模式的可持续性问题纳入监管审查和评估流程分析之中（欧洲央行，2018）。

传统模式相距甚远。数字化银行提供的创新产品在传统渠道和线上渠道上均不存在，也不能在传统储蓄和贷款功能中同时操作，这证明数字化银行与现有法律所界定的银行是完全不同的。其次，数字化银行在大型科技公司和传统银行集团中可以发挥不同的作用。在前一种情况下，数字化银行作为专属银行，可以向作为母公司的大型科技公司的客户提供更多金融服务。在后一种情况下，数字化银行可以帮助银行集团将其客户进行细分，并通过先进的技术解决方案在较短的时间内提供金融服务，而无须升级整个银行集团的技术框架。

关于传统银行，我们在前面章节分别分析了主要的国际银行和较小的银行。就大型国际银行而言，它们已经意识到需要抓住科技发展带来的新机遇，并开始积极应对新的金融市场场景带来的挑战。大型银行对数字科技的应用与发展呈现出不同的关注度，部分大型银行在数字技术的研发与应用方面投入了大量的资金，并通过内部研发、收购科技公司股份和建立合作伙伴关系等方式将数字科技应用于金融服务中。值得注意的是，当前大型银行数字化转型主要集中在销售渠道的数字化改造和更新，而较少涉及一线业务。这从侧面反映了在数字化转型的大环境下，结构复杂的银行集团在进行战略和运营转型时，可能正面临诸多难题。

就较小的银行而言，新型金融机构（金融科技、大型科技公司和数字化银行）所产生的竞争威胁似乎尤为明显，主要包括以下两点原因：首先，因为新型金融机构主要向零售客户（个人和中小企业）提供服务，这让新型金融机构能够以"数字邻近"的方式获客（拉近客户与金融机构之间的距离，客户更容易通过数字化的渠道获得金融服务），这对于受展业地域限制的中小银行来说是一个巨大的挑战。其次，小型银行可用于数字科技研发与应用的资金和人力资源较为有限。鉴于此，从现实中来看，小型银行通过寻求建立合作关系的方式来加强数字科技的研发与应用是一种有效的选择。

巴塞尔委员会发布的一份报告（BIS–BCBS，2018），对金融科技背景下创新金融业务模式的发展情况进行了梳理和总结，但并未预测银行和其他金融机构未来可能出现的变化。本书系统地梳理了迄今为止各类银行机构采用的业务模式，以期能够为推动"关于'新一代'银行业务模式的讨论"作出贡献，也能够帮助决策者较为清晰地掌握各种战略方法的优缺点。巴塞尔委员会构想了在极端情景下未来金融体系的发展。在该金融体系中，目前的传统银行将成功地作为唯一的金融机构（"更好的银行"）脱颖而出；或者在相反的极端情况下，客户更愿意从金融科技公司和大型科技公司获得金融服务，以满足其金融需求（"非中介银行"）（BIS–BCBS，2018），但该情形似乎不太合理。事实上，我们已经看到，随着银行数字化转型进程的持续推进，传统银行、数字化银行（挑战者银行）和金融科技公司之间的边界将越来越模糊。同时，该构想也明确指出，未来金融体系可能会朝着一个或另一个极端的方向发展，这取决于金融科技的普及程度。在当前的法律环境下，这种普及程度可能会进一步快速增长，并取决于传统银行所采取的应对策略的有效程度。目前出现的情况是——金融科技公司和大型科技公司正朝着综合金融服务平台模式这一方向快速发展，这使传统银行调整战略计划的时间窗口不断缩小。

然而，传统银行目前仍无法快速、有效地应对金融业务数字化带来的挑战，而且在业务创新方面较为迟缓。值得注意的是，销售渠道数字化、搭建线上银行、开发金融服务应用程序等措施并不能确保有效推动银行的发展，也不再构成竞争优势，而仅仅是满足客户不断变化的需求的基础条件。因此，传统银行正面临着更为复杂的挑战——如何提升其"获客、留客"的能力？同时，传统银行也需要明确发展目标，致力于为其目标客户群提供具有更高附加值的金融服务。

参考文献

[1] BaFin (Bundesanstalt für Finanzdienstleistungsaufsicht). (2018, July). *Big data meets artificial intelligence. Challenges and implications for the supervision and regulation of financial services.*

[2] BIS – BCBS. (2018, February). *Sound practices. Implications of fintech developments for banks and bank supervisors.* Basel Committee on Banking Supervision—BIS. Retrieved March 27, 2019, from https：//www.bis.org/bcbs/publ/d431.pdf.

[3] ECB (European Central Bank). (2018, September). *SSM thematic review on profitability and business models.* Report on the outcome of the assessment.

[4] European Commission. (2017). *Building a European data economy.* COM (2017) No. 9.

[5] European Commission. (2018). *FinTech action plan：For a more competitive and innovative European financial sector.* COM (2018) 109/F1.

[6] Omarova, S. T. (2018, September 18). *New Tech V. New*

Deal: *Fintech as a systemic phenomenon*. Written Testimony of Saule T. Omarova, Professor of Law Cornell University, Before the United States Senate—Committee on Banking, Housing, and Urban Affairs, Fintech: Examining Digitization, Data, and Technology.